会えなくともオンライン授業は楽しい！

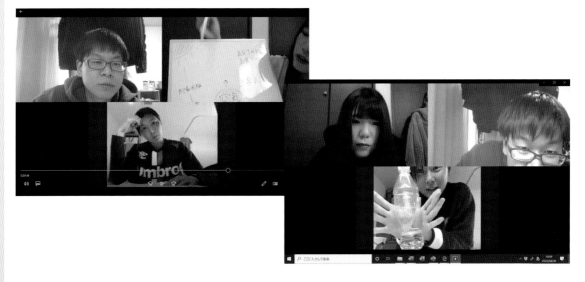

Zoomのブレイクアウトルーム機能等を利用した模擬授業の実施
4章・東洋大学の授業実践より（p.46 参照）

水と氷砂糖でシュリーレン現象を実験
5章・福岡教育大学の授業実践より（p.56 参照）

光センサーが使えるphyphoxアプリ
6章・仙台高専の授業実践より（p.61 参照）

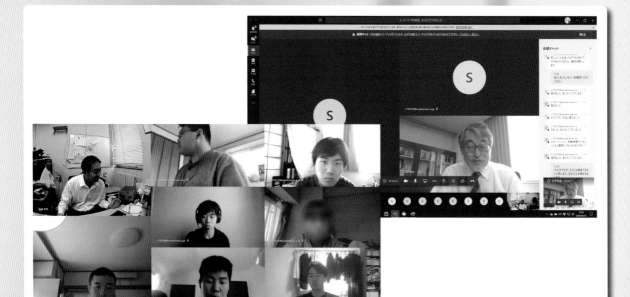

自作の実験装置を手にオンライン授業を行う教員
6 章・仙台高専の授業実践より （p.66 参照）

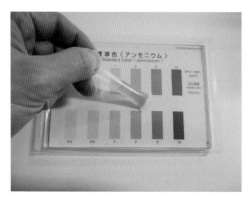

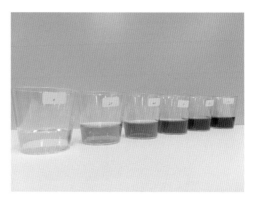

比色法　水中アンモニアの検査（左）とウーロン茶の比色（右）
6 章・仙台高専の授業実践より （p.63，p.67 参照）

すぐにできる！双方向オンライン授業

Zoom、Teams、Googleソフトを活用して、質の高い講義と化学実験を実現

福村裕史・飯箸泰宏・後藤顕一 編

化学同人

はじめに

　大学や学校の基本単位である「教室」という空間は，教員から学生へ知識や考え方を伝えるため，最も効率の良いシステムとして発展してきました。そこには黒板と教壇があり，学生の座る椅子とノートを取るための机が配置され，学生の注意が散漫にならないように照明や音響にも配慮がなされています。さらに，学生が他の学生の意見を聞き，学びの状況をお互いに確認できるという利点もあります。これは人類の生み出したさまざまなシステムの中でも際立って優れたものですが，伝染病の蔓延下では閉鎖せざるをえないという弱点があります。およそ100年前のスペイン風邪の流行時にも世界中の学校が数週間にわたり閉鎖されましたが，現在の新型コロナウイルスの感染拡大も学校教育に深刻な影響を与えています。

　どんな状況になっても，身体と頭脳が飛躍的に伸びる時期の青少年を受け入れる教育機関としては，学生の成長のためにできることを試みる必要があるでしょう。幸い，インターネット技術の急速な進歩は，教室に代わる仮想空間をネットワーク上に作ることを可能にしました。学生と教員の大切な生命と健康を維持しながら，オンラインで双方向の授業が実現できる環境が整いつつあります。

　インターネット上に仮想的な「教室」を実現するアイデアは，主としてアメリカで1990年代から提案され始め，2000年代には学習管理システムが利用可能になりました。これに続いて，100人程度の参加者が双方向で議論することのできる商業用ソフトウエアは2010年代に実現しました。このようにアメリカで教育関係のソフトウエア開発が先行した理由は，コンピュータを用いたコミュニケーション技術の開発においてきわめて有利な立場にあったことも一因ですが，教育を担う人々が常に最新技術を取り入れた教育改革に前向きであったことも理由の一つと考えられます。

　第二次世界大戦後のベビーブームは，その20年後に高等教育の著しい大衆化をもたらしました。アメリカの教育界は，少数の意欲に満ちた英才対象の教育法の質的転換を迫られて，いろいろ試みたすえに，1980年代のアクティブラーニングの導入に至りました。1990年代から2000年代にかけては，教員中心の一方通行の講義よりも学生中心の主体的学びの方がさまざまの分野で有効であることが実証されてきました。教育改革の動きはさらに進んで，細分化された科目の学習にこだわらず，学生がグループで何かの課題を解決することによって，主体的に学ぶ新しい教育法へと向かっています。

　このような教育改革の動きとコンピュータを用いたさまざまな技術開発は連動して進められてきましたので，アメリカにおける双方向型オンライン授業の実施は，むしろ自然な流れといえるでしょう。つまり，新型コロナウイルスの感染がおさまれば，また元の対面授業に完全に戻るのではなく，むしろ学生から高い評価を得られる教育手法は，どんどん取り入れられて遠隔教育自体が深化していくものと予想されます。

　実は，日本国内においては「教室」に依らない教育機関の歴史は古く，1960年代には通信制高校が整備されていました。その教育課程は，課題の提出と徹底した添削指導，決められた時間のスクーリングと試験によって成立していました。同様に，放送授業とスクーリングに

よって高等教育を行う放送大学も 1980 年代に始まっています。しかし，これらの教育システムが，コンピュータから成るネットワーク上に仮想的な教室を作ろうとする独自の試みを先導することはありませんでした。

文部科学省による大学設置基準の一部改正により，インターネット等の情報通信技術を活用した遠隔授業が，より柔軟に認められるようになったのは 2001 年からです。さらに 2007 年からは「教室等以外の場所」が明記されるとともに，同時双方向型でない授業の場合は，授業後に質疑応答など十分な指導が行われるべきであること，また授業に対する学生等の意見交換の機会が確保されるべきであることが盛り込まれました。したがって，国内でも適切なソフトウエアさえあれば，さまざまなかたちの遠隔授業は法的に認められる状態になっていました。

さて現実はどうでしょうか。コロナウイルス感染拡大以前から，国内で遠隔授業を取り入れていた教員の割合は，さほど多くないように見えます。すでに経験済みの教員は，アクティブラーニング等の教育改革にも興味を持ち，国際的に情報交換をしていた方々に限られるようです。学生参加型の授業をしてきた先生方にとっては，同時双方向型のオンライン授業は抵抗なく実施できるでしょう。一方，この機会に初めて取り組んだ教員は，多くの戸惑いとやりにくさを感じているのではないでしょうか。

オンライン授業を受ける学生の側にも問題はあります。家庭内で静かに授業に集中できる環境がない学生もいます。さらに，発言やチャットによる意見交換は可能だとしても，そこには現れてこない，消極的な学生がいることも忘れてはなりません。現実の教室では，見ようとしなくても常に視野に入ってくる目立たない学生の存在を意識できますが，50 人以上のオンライン授業でこれに気づくのは難しいことでしょう。そして，何よりも学生が渇望しているのは，友人との何気ない語らいです。インターネット上の仮想空間で欠けているものをどう補っていくのかは，これからの重要課題となるでしょう。

本書では，オンライン授業を始めるための基本的な部分の解説から，学生個々人の参加状況のログの取り方など，少し高度な手法まで丁寧に説明しています。系統的にまとまった情報として，幅広いレベルの教員の役に立つでしょう。また，オンライン授業を教育の新しい流れと位置付けて，教育改革に関心のある方々の参考にもなると期待しています。実施例の部分は，いろいろな分野，教育機関で試されたことが書かれていて，オンライン授業に取り組んでいる先生方に役立つアイデアを提供しています。これがきっかけになって，多数の教員が遠隔授業の改善に取り組み，さらに優れた教育法や教材の開発が行われることを願っています。

最後になりましたが，本書の中の遠隔授業に快く参加し協力してくれた東洋大学，福岡教育大学，仙台高等専門学校の学生の皆さんに感謝します。また，コロナ禍の中，限られた時間内に本書をまとめ上げるべく，在宅勤務で奮闘された化学同人東京事務所の佐久間純子氏にも深く感謝します。

2020 年 6 月

編者を代表して

福村　裕史

目 次

対話で深い学びを創り出すオンライン授業

第1章

　本書は，新型コロナ禍で学校の教室に集まることができなくなった児童生徒学生のために，どのような授業ができるのかを模索する先生方に向けて書かれたものです。しかし，それだけではなく，たとえコロナ禍が収まったとしても，これを機に新しい教え方についてもっと考えたいという方々に向けても書かれています。

　というのも，オンライン授業は「学校」や「教室」が何のためにあったかを問い直し，学習者の「学び」を中心に教育を考えるきっかけになるものだからです。そこで以下では，学校教育とは何のためにあったのか，これからの学習指導要領はどんな学びを求めているのか，オンライン授業はどのような可能性を持つのかという順で考えていきましょう。

　なお，話がすこし原理的になりますので，ハウツーから先に知りたいという方は「第3章オンライン授業の開き方」に進んでください。その場合でも，実際にオンライン授業に取り組んだあと，本章を読むと新しい気づきがあると思います。

1 学校教育の役割

　教育は今でこそ学校が主に担っていますが，昔はそうではありませんでした。

　19世紀は，「徒弟制」が人の学び方の主たるモデルでしたので，子どもの学ぶべき内容やゴールは親族や親方が決めていました。そのモデルは，産業が第一次産業や家内制手工業中心で，それぞれ多様な生産物や製品が小規模に生み出されていた時代に適していました。

　しかし，産業革命が世界中で本格化し工業製品の大量生産が可能かつ必要な20世紀になると，教育の責任を国家が引き受け，同年齢の子どもを多数集めて基礎的な能力を均質に短時間で育成する「学校教育」が徒弟制に取って代わる標準的な教育モデルとなりました。このモデルは，民主国家を支える国民の育成や，科学技術の急速な発展に伴う知識増大への対応という点でも優れた成果を上げました。

　これに対して，大量生産がオートメーションや新興国に代替され，知識革命を経てより個性的で創造的なモノゴトの創成が求められる21世紀になると，一人ひとりがネットワークを使って，自ら学びたいときに学ぶ「生涯学習」という新しい学習モデルが必要になりました[1]。学ぶ内容・学び方・学びのゴールを自分で決めるのです。科学知識はもはや増大の域を超え，知識爆発という時代に入ってきました。それゆえ，学び方を学んでおいて常に知識を入手・更新・編集する必要が出てきたのです。また，市民が「国家」と

いう存在を超えて直接国内外の市民とつながりあって，政治・経済・文化のゆくえに影響を与えるようになりました。それゆえ，生涯にわたって他者と協働して困難を乗り越える学び方が求められるようになったのです。

このように，生涯学習時代は，家庭から国家に預けた学びの主権を個人に取り戻すチャンスを得る時代であり，同時に自ら学びのカリキュラムを作る責任も負う時代だということになります。その流れの中にコロナ騒動を位置づけてみると，現在の学校教育モデルを解体し，生涯学習モデルへと再編する好機（チャンス）に見えます。たとえば，休校期間あるいは遠隔学習期間，児童生徒学生は自分の好きなペースで好きな内容を学び，与えられた課題も本来はそれをカバーすることよりも，そこで何かを「できるようになること」が重視されるようになったからです。

その一方で，学習者一人ひとりが「自ら学びのカリキュラムを作る」といっても，まだその準備が整っていないのではないかと思う方も多いでしょう。それは，家庭にネットワークにつながったコンピュータがないといった ICT インフラ面の話ではありません。また，子どもに学びの主権を渡して自らカリキュラムや時間割を決めるやり方を習得してもらっていなかったという話でもありません。「個人」を主体として，現在の人知の高みを一人ひとりの知識にし，その知識を育て続ける学び方を学べる教育を十分には施してこなかったということが一番の問題なのです。教育を学校・大学という場で行わずに児童生徒学生が「解散」すれば，教育が私事化されて格差が拡大するばかりか，教育全体の地盤沈下が避けられないでしょう。

2 学習指導要領が求める学び

2020 年に順次全面実施される学習指導要領は，子ども一人ひとりが「何ができるようになるか」（学習目標）を明確にして，「何」（学習内容）を「どう学ぶか」（学習方法）を熟慮することを学校現場に求めています（図1-1）。その学び方が「主体的・対話的で深い学び」です。児童生徒が主体となって対話を通して考えを深めていく学び方だといえるでしょう。

筆者（白水）が専門とする認知科学・学習科学という分野でも，先述の「人知の高みを一人ひとりの知識にし，その知識を育て続ける学び方」として，対話しながら問題を解く「協調問題解決」を授業の中に持ち込む「協調学習」の有効性が見えてきています。その意味で，主体的・対話的で深い学びは，初等中等教育現場で単に求められているからというだけでなく，学びの質の点からも試す価値のある学び方だといえます。

学習指導要領はまた，この学びの実現が何らかの授業の型や技術の導入で済むものではないことも示唆しています。中教審 [3] の答申では，「形式的に対話型を取り入れた授業や特定の指導の型を目指した技術の改善にとどまるものではなく，子供たちそれぞれの興味や関心を基に，一人一人の個性に応じた多様での質の高い深い学びを引き出すことを意図するものであり，さらに，それを通してどのような資質・能力を育むかという観点から，学習の在り方そのものの問い直しを目指すものである。」とあります。

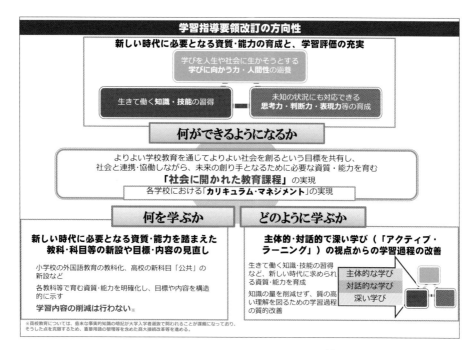

図 1-1　学習指導要領改訂の方向性 [2]

　授業の型を取り入れて終わりではなく，そこで子ども一人ひとりがどういう学び方をしたのかという学習評価（見とり）と，それに基づく継続的な授業改善が必要になってきます。遠隔授業にせよ，対面授業にせよ，今後とても大事になってくるポイントです。

　さて，こうした持続的な授業改善を目指した，評価を内蔵した協調学習の実現方法というのはあるのでしょうか？　東京大学 CoREF が開発・実践している「知識構成型ジグソー法」はその一つといえるでしょう [4]。手法は**図 1-2** に図解したシンプルな五つのステップからなります。

①先生から提示された問いについて
学習者がまず一人で答えを出し,
自分の最初の考えを確かめる。

②問いに答えを出すためのヒントと
なる「部品」を小グループに分か
れて担当して理解する（エキス
パート活動）。

③それぞれ異なる「部品」を担当し
たメンバーが集まって新しいグ
ループを作り,その内容を交換・
統合して問いに対するよりよい答
えを作り上げる（ジグソー活動）。

④各グループの答えを教室全体で共
有・比較吟味する（クロストーク
活動）。

⑤最後にもう一度,問いに対する答え
を納得行くまで一人で出してみる。

図 1-2 「知識構成型ジグソー法」の手法

　化学の授業例を紹介します（参考文献[5]を参照）。文化祭の出し物で赤い焼きそばを
作ろうとなったクラスのために,「紫キャベツを使うとどのような色の焼きそばになるか,
赤い色にするにはどんな調味料を入れればよいか」を考えるというのがメイン課題です。
ステップ①の授業最初の記述では「紫色」など,正しく予想できていないところから,ス
テップ②で「身近な物質にも酸性（酢,レモン汁）・塩基性（麺のかん水）のものがある」

「アントシアン（紫キャベツの物質）は酸性・塩基性の度合いで変色する」「酸と塩基は互いの性質を打ち消し合って中和する」といった内容の3資料をそれぞれ分担して読み込み，ステップ③で内容を交換・共有すると，「わかった！　酢を入れれば赤くなる」と答えにたどりつく生徒が出てきます。しかし，わからないという生徒がグループに残るので，先にわかった生徒も，その生徒の疑問に答えるうちに「中和」という専門用語を使った説明ができるようになっていきます。そこから，次の疑問として「私，炭酸水で試したいよ」といったやりたいことが出てきます。

　このように日常生活に役立つかたちで化学の知識理解を深めながら，他者と対話を通じて学ぶ学び方自体も手に入れていきます。そして実際，各生徒がどのように理解を深めたかをステップ①から⑤への授業前後記述の変化で見とります。その変化の原因，つまり理解の深まり方が知りたければ，ステップ②から④の対話や発表を聞くことができます。それは同時に，一人ひとりがどんな学び方をしているかを知ることにも役立ちます。それが「評価を内蔵した」ということです。

　この手法を使えば必ず授業がうまくいくというわけではありません。そうではなく，先生一人ひとりが引き起こしたい学びを明確にして，授業をデザインして，児童生徒学生の記述や対話で学びの深まりを捉え，次の授業デザインに役立たせていく，というサイクルが可能になるということなのです。そのサイクルの繰り返しこそが授業力を上げ，結果的に児童生徒学生の学びの質向上に役立ちます。それは遠隔授業でも対面授業でも変わりません。

❸ オンライン授業の可能性

　人は，自分の経験から学ぶプロセスと他者との対話から学ぶプロセスの往還で成長していきます。つまり，離合集散を繰り返しながら人は学んでいくものなのです。コロナ禍が作り出した学校に集まれないという状況，逆にいえば一人ひとりが自分で学ばねばならないという状況は，この「集合」だけでなく，「離散」も学びのプロセスに組み込むことになりました。そうだとすれば，これからの学びは先生が全部考えて子どもが受動的に学ぶだけでなく，子どもも自分の学びをコントロールしながら生きたカリキュラムを作っていくこと，そして先生は離合集散の学びの組み合わせを見通すことが必要になってきます。もしこれがうまくできるようになれば，学習環境が学校を超えて拡がり，人々が一人ひとり自分の学び方を鍛えて，共に学び合う社会が生まれてきます。オンライン授業はそのような大きな可能性を持ちうるのです。

　ですので，「知識構成型ジグソー法」を用いて授業に協調学習を実現しようとする東京大学 CoREF のコミュニティ（自治体や小中高学校教員と大学研究者の 2,000 名程度のコミュニティ）も単にウィズコロナ，ポストコロナの時代に ICT を使ってオンライン授業をする代替手段だけにその可能性を見ているのではありません。

　たとえば，ステップ①の課題提示と解答記述を対面授業の最後にやっておいて，ステップ②のエキスパート活動は家庭で資料を読んできて（その際のグループ活動はチャットで

もメールでもテレビ会議システムでも自分たちの好きなものを使って行い），ステップ③のジグソー活動は教室にいながらもテレビ会議システムで近接しないように行い，ステップ④⑤はそのまま教室で行うというやり方，あるいはすべてのステップを自宅にいる生徒どうしをつないで行うやり方など，さまざまな代替手段が取られています。

　しかし，もっと大事なのは，対話で学ぶ重要性，貴重さに鑑み，そこから逆算して家庭学習で「ここまで学んできておいてほしい」という先生方の学びの「トータルデザイン」が生まれてきているところです[6]。こうしたデザインが決まれば，児童生徒にも家庭学習の目的が見えますし，対話での学びから次の疑問が見つかって学びたくなるモチベーションがわきます。

　しかも，デジタルテクノロジーの活用には，こうした学びの記録が（対面でもビデオやICレコーダーで残せますが）を詳細に残せるというメリットがあります（一例として参考文献[7]を参照）。それを使って，学びを見とり，授業の質を上げ続けていくことに，オンライン授業の最大の可能性があります。それを繰り返していくことで，新しい学びのかたち，「離合集散」のかたちも見えてくるでしょう。

文　献

[1] A. Collins, R. Halverson, "Rethinking Education in the Age of Technology: The Digital Revolution and Schooling in America〔Technology, Education--Connections (The TEC Series)〕," Teachers College Press (2009) ;（邦訳）稲垣 忠 編訳，『デジタル社会の学びのかたち―教育とテクノロジの再考』，北大路書房 (2012).

[2] https://www.mext.go.jp/b_menu/shingi/chukyo/chukyo0/toushin/1380731.htm

[3] 中央教育審議会，『幼稚園、小学校、中学校、高等学校及び特別支援学校の学習指導要領等の改善及び必要な方策等について（答申)』(2016).

[4] 白水 始，『対話力―仲間との対話から学ぶ授業をデザインする！』，東洋館出版社 (2020).

[5] 三宅なほみ，東京大学 CoREF，河合塾 編著，『協調学習とは―対話を通して理解を深めるアクティブラーニング型授業』，北大路書房，p.111 (2016).

[6] 白水 始，『ウィズコロナ時代の対話型オンライン授業と授業研究に向けて』，国立情報学研究所 第 10 回「4 月からの大学等遠隔授業に関する取組状況共有サイバーシンポジウム」(2020 年 6 月 5 日オンライン開催)，https://www.nii.ac.jp/event/other/decs/#10

[7] 齊藤萌木，白水 始，「オンライン授業で学習者の主体的・対話的で深い学びを引き出す―高等学校での事例」，じっきょう情報教育資料，51，p.1 (2020).

第2章 オンライン授業を始めよう

授業のための現場で、最も大事な「組織」は「教室」です。「教室」は主として教員と学生で構成される組織〔TA（teaching assistant）や事務職員が加わる場合もある〕ですが、伝統的には物理的な構造物や机や椅子、ホワイトボードなどの備品も伴っていました。

物理的な構造物やさまざまな備品の制約をなくして、主にネット環境を利用して別の仮想的な教室空間（オンライン教室）を作って行うのがオンライン授業です。オンライン授業を始めてみると、「教室」が箱モノではなくて組織であることがよくわかります。

第2章では、オンライン教室の意義を知り、学生と教員がつながる方法を見ていきましょう。

■1 これまでの教育

これまでの教育は、物理的な教室に学生を集めて行うものでした。

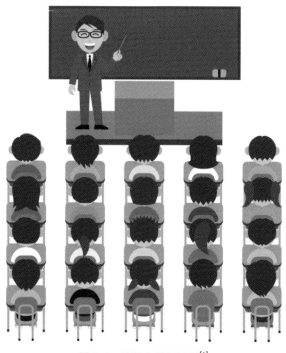

図 2-1　素朴な授業風景[1]

8

しかし，いつでもこのような授業ができるとは限りません。これまでも，次のような時には休校か休講にしました。

- 台風が来た。
- 交通災害が起きた。
- 感染症が流行している。
- その他

教員だってロボットではありませんから，いろいろな事情が発生します。

- 交通災害で教員が学校に行けない。
- 教員が風邪をひいた。
- 教員のお子さんが熱を出した。
- その他

教員が学校に行けなくては授業になりません。代講で済ませられるのは限られた範囲です。

図 2-2　誰もいない教室[2]

　誰もいない教室は，寂しいものですね。
　今は，新型コロナ禍のために緊急事態宣言が出されて休校になっている学校がほとんどです。学生に会えない教員はみじめです。学生たちに会えると元気になるのも教員というものです。
　教室に人がいなくとも，授業ができるようにならないか。
　これを解決するものがこれから取り上げるオンライン授業です。

2 これからの遠隔教育

　現代では，こんな時にも，授業ができる仕組みが用意されています。ひとくくりにする

と「遠隔教育」ということができます。「ネット教育」といわれる以前からの「遠隔教育」もありますが，それらと違った意味での現代的な「遠隔教育」の中には，大きく分けて2種類あります。

- オンデマンド型
- オンライン（同時双方向）型

①オンデマンド型

インターネットを介して映像教材を学生が見るスタイルの授業形式です。

映像教材とは，NHK の教育番組や放送大学のビデオ映像のようなものですが，それらは決まった時間にしか見られません。しかし，インターネットの時代ですから，あらかじめ準備してあれば，いつでも，時間のある時にまたは思い立った時に，必要な映像教材が見られるようにできます。要求した時に見られるという意味で，**オンデマンド型**と呼んでいます。同時性を要求する公共的放送映像よりは格段に進歩した方法なので，少し自慢気に「オンデマンド可能な・・・」と語られてきたものです。

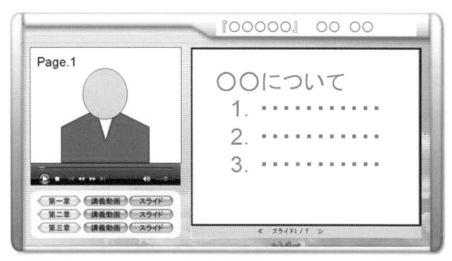

図 2-3　オンデマンド授業の画面例[3]

しかし，少し考えてみると，オンデマンド型といえども，立て板に水の一本調子の長講義になりかねません。教室内でも立て板に水の一本調子の長講義だけだと大半の学生は寝てしまいます。そうならないように，私たち教員は，適度にハプニングを起こしたり，学生に質問したり，課題を課したり，様子によってヒントを出してみたり，グループ討議に持ち込んだりと，さまざまな授業テクニック（教室運営法）を駆使しています。一方のオンデマンド映像では，そんな教室の盛り上がりを映し込むことは不可能ではないものの大変困難です。

テレビ番組のようにシナリオライターがいて，演出家がいて，ディレクターがいて，衣

装係やメイクさんもいて，リハーサルも何度も繰り返したものならば多少の臨場感を醸し出すことができますが，そんな予算はないというのが教育現場の実態です。一般的な授業に当てはめると，学生から見ると，少しの例外を除いてオンデマンド授業には「面白い」授業が少ないということになります。「面白い」授業が少ないと，出席率（参加率）が下がって履修達成率も下がってしまいます。

　オンデマンド型は，トレーニング課題用に短い映像を組み合わせて細かく繰り返し見られるようにすると，反復トレーニング用教材になり，効果的であることがわかっています。けれども概念を理解させたり，新しい事柄を創案させたりする授業には適用が大変難しいものです。

②オンライン（同時双方向）型

　オンデマンド型授業と補い合うかたちで登場してきて，急速に普及しているのが，こちらの**オンライン型授業**形式です。

図2-4　オンライン型授業の概要

　この授業形式はオンライン会議システムと呼ばれるシステムを使うことによって実現することが普通です。本書ではおもにZoomというオンライン会議システムを利用して，オンライン授業の解説を進めていきます。

　この方式を利用すると，教員は自宅からでも学校からでも授業ができるようになります。

• 自宅からでも授業ができる。
• 学校からでも授業ができる。

　学生はどこにいても，ネットにつながる次のような電子機器があれば授業に参加することができます。

- パソコン
- ノートパソコン
- スマートフォン

　ただし，ネットにつながらないと授業が受けられません。日本では，学生一人一人にパソコンやモバイル Wi-Fi ルーターがほとんど配布されていない，という状態が継続しており，課題になっています。

　教員と学生は，基本的には同じ画面の機能を使うことができます。

　教員は（基本的には）いつもの学生の顔を画面で見ることができますし，学生は，教員の顔もクラスメイトの顔も見ることができます（**図 2-5**）。

図 2-5　顔が見えるとみんな元気[4]

　このほか，Zoom にはたくさんの機能があります。

- 教員と学生はお互いの顔が見える。
- 教員と学生は音声で対話ができる。
- 学生はクラスメイトの顔が見える。
- 学生はクラスメイトの声が聞こえる。
- 資料を学生と教員が画面上で共有できる。
- 学生と教員が一緒になってチャットができる。
- 共有画面上にホワイトボードを登場させて，これを使うことができる。
- その他

　これらの機能のあらましについては，第 3 章で説明します。

図2-6　先生もクラスメイトも，「そこにいる」から，ここが My 教室[5]

③オンデマンド型授業とオンライン型授業の違い

　従来の素朴な授業とインターネット時代の遠隔授業が授業組織としてはそれぞれどのように構成されているかを見ておきます。

　従来の素朴な授業は，「対面型」や「リアル型」などと呼ばれることもあります。図 2-7(a) に描かれています。教員と学生は対面コミュニケーションが行われます。学生どうしはク

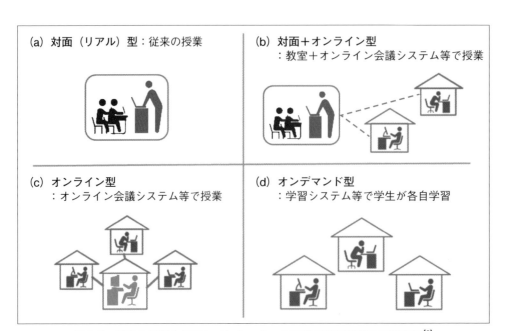

図 2-7　従来の素朴な授業とインターネット時代の遠隔授業の授業組織[6]

ラス討議やグループ討議でリアルに会話することになります。

オンデマンド型は図2-7（d）に描かれていますが，学生はインターネットなどの通信回線を通じて学生は各自が必要なときに学習を開始して，好きな時に止めることができます。学生は教員の創った授業コンテンツをネットを介して自分のパソコンに呼び出していますから，教員が同時性をもってそばにいる必要がありません。教員と学生の間には基本的にコミュニケーションはありませんので，課題提出や採点と評価の返信などでコミュニケーションに替える必要があります。

オンライン型は両者の中間に描かれていて，図2-7（c）と（b）にあります。

図2-7（c）は教室を一切使わないオンライン型授業システムを表しています。Web会議システムだけがコミュニケーション手段となります。教員は学生たちと同時的に対話しながら授業を進めることが可能で，学生どうしもチャットやブレイクアウトルーム（Zoomでつくることが可能な小グループ）などで話し合うことができます。

図2-7（b）は，図2-7（c）のオンライン型授業システムに教室での対面授業も並列で実施されるかたちが示されています（対面＋オンライン）。たとえば，コロナ禍などの感染症流行時には，ソーシャルディスタンスが確保できれば，教室に一部の学生を集めても問題がないというタイミングもあります。また，交通事故などで遠隔の学生は教室に来れないが，近くの学生は教室に来ているなどの状況もありえます。つまり，図2-7（b）は，このような事態を想定した図になっています。

本書では，主として，図2-7（b）の教室構成を想定して，オンライン授業を取り上げていくことにします。

表2-1 各種教育媒体と「オンデマンド型授業」と「オンライン型授業」

主たる適用規模	マスプロ教育				中規模・少数教育			個別教育	
授業型	定時放送型	オンデマンド型			対面型（リアル型）	オンライン型	オンライン＋対面複合型	対面個別指導	オンライン個別指導
時刻制限	定刻制	いつでもOK			定刻制			定刻制	
同時／非同時	同時性	非同時性			同時性			同時性	
同期／非同期	非同期型	非同期型			同期型			同期型	
媒体例	放送大学	MOOC	Moodle	その他	通常教室	Zoomなど		家庭教師など	Skypeなど
コミュニケーションタイプ	一方向性	一方向性			双方向性	双方向性		双方向性	
リアルコミュニケーション	×	×			○	○		○	
課題提出採点機能	○	○			○	○		○	
振り返り	○	○			○	○		○	
グループ活動					◎	○			
スクーリング	△								
学習コミュニティの成立	×	×			◎	○		×	

　対面＋オンライン型の授業について知れば，オンライン単独の場合も理解できると思いますので，特に断らない限りは対面＋オンライン型授業の構成を前提に話を進めます。
補足：授業型の分類法は人の数ほどもありますが，ここでは，想定されている受講生の規模などをもとに分類してみました。「オンデマンド型授業」と「オンライン型授業」が，さまざまな授業タイプの特定の位置を占めていることがわかります。

　中規模・少数者教育に注目してみます。「オンデマンド型授業」と「オンライン型授業」を比較すると，時刻制限，同時性，同期型，コミュニケーションタイプ（一方向性／双方向性）のすべてにおいて真逆になっていることは興味深いことです。詳論しませんが，授業に受講者を引き込んで夢中にさせるには，どちらが有利かは明らかです。

　社会的学習理論から派生して，最近はその必要性が強くいわれるようになった「学習コミュニティ」の成立の容易さは，教育実践の体験に照らして，対面型が一番であり，オンライン型がこれに次ぐと考えられ，オンライン型はオンデマンド型に対する大きなアドバンテージを持っていると考えられます。

❸ 使用するアプリと環境

　主に使用するアプリは，次のとおりです。

- Zoom
- Google Drive

図 2-8　Google Drive の画面の例

　このほかに，学生がよく使っている次のようなアプリも必要です。

- メール
- LINE
- その他

　Zoom だけでは万一の時に学生とのコミュニケーションが取れなくなります。たとえば，Zoom がフリーズしたり，Zoom 爆弾に襲われたときなどは，事態の回避や代替処置の伝達にメールや LINE などが使えます。Zoom に替わるコミュニケーション手段は常に確保しておくことが必要です。

　Zoom などの Web 会議システムは教員にとってもこれまではあまりなじみのあるものではありませんでした。学生にとってもなじみがありません。

　物理的な「教室」に教員も学生も一堂に会していれば，「××君」「○○さん」と呼びかければ学生に聞こえますし，「先生！」と叫ぶ声があれば，教員も反応することができます。しかし，オンライン授業では，Zoom がつながる前も予期せぬ切断が起きた時も，メールや LINE などがない場合は，学生からも教員からも声が届かなくなってしまいます。

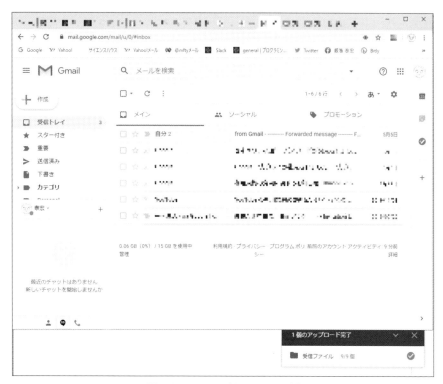

図 2-9　Gmail 受信トレイの例

　Zoom がつながらないようなときに使用するメールや LINE を，ここでは「バイパスコミュニケーション・ツール」としておきます。バイパスコミュニケーション・ツールは，正邪や優劣よりも学生になじみと親しみがあるかどうかが大事です。学生が抵抗なく接続して情報が送受信できることが一番大切だからです。なじみがなく親しみも感じないツー

16

ルを強要しても学生はなかなかつないでくれません。学生の気分感情を大切にしてバイパスコミュニケーション・ツールを選んでいただきたいです。

図 2-10　LINE の画面

　今の若者はこぞって LINE を使っています。しかし，流行りはたちまち廃れることもありますので，若者の流行が別のものに移れば教員も新しいコミュニケーション・ツールに移るのがよいと思います。

文　献

[1]「授業風景 教室 クラス 先生」IllastAC https://bit.ly/2LeZSuE
[2]「学級閉鎖のイラスト」いらすとや https://www.irasutoya.com/2016/09/blog-post_611.html
[3]「立命館大学のオンデマンド授業について（共通）」立命館大学教育支援課。最終更新日 2012.3.12. http://www.ritsumei.ac.jp/ondemand/guide/110314_guide_ond.htm
[4] 東洋大学の講義風景。
[5] 東洋大学女子サッカー部員の在宅教室。
[6]「教員のための，オンライン授業を行うにあたって」GitHub Pages. 最終更新日 2020.4.3. https://utelecon.github.io/faculty_members/ を元に改変。

第**3**章 オンライン授業の開き方

オンライン授業に適するアプリはたくさん存在しますが，ここでは Zoom ミーティングを選びました。多くの方にすでに使われていてなじみがあるからです。他のアプリでも大きな違いはありません。また，アプリは頻繁にバージョンアップがあるので，常に最新のものにアップグレードして，セキュリティ対策も行いましょう。

1 教員側の **Zoom** アカウントを作る

ここでは，ホスト役をする人のアカウントを作る手順を示します。まず，ブラウザを使って Zoom のメイン Web ページ https://zoom.us を開きます。

ここで，画面右上の「サインアップは無料です」と書かれている朱色のボタンを押します。

検証のページが開かれますので，正しい誕生日を入力してください。次に，入力欄の右端にある「続ける」ボタンを押します。すると画面は変わって，無料サインアップの画面になります。仕事用のメールアドレスを入力して，「サインアップ」のボタンを押すと，このメールアドレスに「アクティブなアカウント」というボタンの情報が届きます。これを押すと，次の画面が開きます。「Are you signing up on behalf of a school?」と聞かれています。あなたは，学校教員として，この Zoom を使いたいので，左側の「はい」の前の○をクリックします。さらに，「続ける」ボタンを押すと，氏名や役職，学校名などの入力を求められます（**図 3-1**）。下のほうには確認事項が出てきますが，全部チェックでよいでしょう。

さらに「続ける」ボタンを押すと，「仲間を増やしましょう。仲間を招待して無料の Zoom アカウントを作成しましょう！」という画面が表示されます。ここは無視して大丈夫です。「手順をスキップする」ボタンを押すと次の画面になります。ここでは，「Zoom ミーティングを今すぐ開始する」のはやめて「マイアカウントへ」に進むことにします。

「マイアカウントへ」のボタンを押すとマイアカウントのページ（**図 3-2**）が開きます。

「表示」をクリックすると伏字が見えるようになり，「編集」をクリックすると該当するデータを変更することができます。教員が，授業を開始するには「ミーティングを開催する」ボタンをクリックします。

18

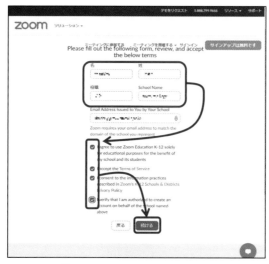

図 3-1　本人の登録情報を記入

図 3-2　「マイアカウント」のページ

　そうすると，「オーディオに参加」ウィンドウが開きます。ここでは，「コンピュータで
オーディオに参加」をクリックします。これで，参加者が自分一人の会議が開かれて，自

分がホストになるオンライン授業が始められる準備ができました。

2 学生側の Zoom アカウントを作る

　教員側のアプリが開けても，学生の側の Zoom ミーティングの画面が開かなければ，オンライン授業は始められません。教員は，学生側のアプリのインストールを指導するところからオンライン授業が始まるといってよいでしょう。

①学生の Zoom アカウントの準備

　学生各自に Zoom アカウントを作らせると手間もかかりますし，「わからない」「わからない」の大合唱が続く恐れがあります。これを避けるためには，学校があらかじめ，学生の分だけ Zoom アカウントを作っておくことが必要です。実際，ID は学校が支給している学生のメールアドレスで十分です。パスワードは，メールのパスワードとは異なるものを用意します。学生の分だけ Zoom アカウントを作り，各自に事前に知らせておくとよいでしょう。

②学生によるパソコンへのインストール

　学生側も，各自のパソコンでブラウザを使って Zoom のメイン Web ページ https://zoom.us を開きます。このページを最後までスクロールアップすると，一番下の方にダウンロードの項目群が現れますので，その中から「ミーティングクライアント」を選びます。

　この後，ダウンロードボタンが並んでいる Web ページが開かれますので，パソコンで通常のように使用する場合は，一番上にある「ミーティング用 Zoom クライアント」を選びます。これで，ZoomInstaller.exe がダウンロードされます。これを実行してインストールが終わると，左上に「Zoom クラウドミーティング」と書かれているウィンドウが現れます。これで Zoom のインストールは完了し，学生用の Zoom が起動した状態になります。

　次に「サインイン」のボタンを押すと，メールアドレスとパスワードの入力が要求されるので，授業で使用するメールアドレスと自分専用のパスワードを入力します。

③スマホで参加する学生のために

　学生の全員がパソコンでオンライン授業に参加できるとは限りません。筆者（飯箸）が体験した教育の現場では，過半数がスマートフォン（以下スマホという）で参加しています。スマホの場合は，次の手順で Zoom アプリをインストールできます。

- AppStore ストアか GooglePlay の検索画面で Zoom と入力します。
- 「Zoom Cloud Meetings」が見つかったらスマホにインストールします。
  「Zoom」ではなくて「Zoom Cloud Meetings」であることを学生に周知しないと，学生は間違えたかもしれないと戸惑うことになりますので，注意が必要です。
- インストールが完了して，アプリが立ち上がると「サインアップ」ボタンが表示され

るので，クリックします。「サインイン」とは書かれていていないので注意が必要です。

●氏名やメールアドレスを入力して，登録します。

●入力したメールアドレスに Zoom のアクティベーション確認メールが届きます。

●確認メールにある「アクティベートする」ボタンをクリックします。

●その際に友達を招待しますかと聞かれますが，ここはスキップして良いです。

●ブラウザを一度閉じてから，Zoom のアプリを立ち上げます。

3 オンライン教室を構成する
①学生から授業に参加してもらう方法

学生をオンライン教室に参加してもらうには，二つの方法があります（**図3-3**）。

1) 学生をあらかじめ「チャンネル」と呼ばれるグループに登録して，一斉に招待する方法〔**図3-3（a）**〕

2) 会議室 ID とパスワードを LINE やメールなどの別ルートで学生らに知らせて，入ってもらう方法〔**図3-3（b）**〕

ビジネスシーンで Zoom を利用して会議を行う場合は，2) の方法を利用することが圧倒的に多いです。しかし，学校の場合は，たくさんのクラスや教室が，時限が異なるごとに入れ替わることが多いので，それぞれの授業に応じて異なる「会議室 ID」と「パスワー

図3-3　教員側からと学生側からの二つの接続方法

（a）教員が学生を一斉に招待，（b）学生から教員に接続要求．

ド」を入力するか，時限が異なるごとに異なるパスワード付きの URL をクリックしてもらうことにします。

　実際に現場でやってみると，「会議室 ID」と「パスワード」やパスワード付きの URL を取り違える学生が頻発してしまいます。別のクラスに入ってしまったり，目的の会議室がどれかがわからずに迷子になる学生が出てきます。

　ここで，1）の方法を採ると，学生はいつも同じ Zoom アイコンを立ち上げるだけで，教員側からの呼びかけを待っていれば，必要な教室に入れるというメリットがあります。

　本章では，基本的には 1）の方法を採り，2）の方法は補助的に使用することにします。

　別のいい方をすると 1）の方法は教員から学生を呼ぶ（招待する）方法で，2）は学生から教員を呼ぶ（接続要求する）方法です。

②自分の授業に参加させる学生を登録する方法

　自分の授業に出席してもらいたい学生を一斉に呼ぶために，その学生の一覧を Zoom に登録しておきます。学生の一覧を Zoom に登録しておけば，必要なときに一瞬で全員を呼び出すことができます。この登録によってオンライン教室が構成されます。

　パソコンのデスクトップを見るとインストールに成功していれば Zoom のアイコンが見えます。デスクトップに見つからないときは，画面左下隅の「スタート」ボタンを押して，出てくる「スタートメニュー」の中のアプリの一覧の「Z」の位置に Zoom を見つけることができるかもしれません。そこにも Zoom がなければ，最初のインストールからやり直してください。

　Zoom をクリックして立ち上げると，最初のウィンドウが出てきます。ここで，上から二番目の「サインイン」ボタンをクリックします。サインインのウィンドウの左上には，自分が教員用に使用することを決めたメールアドレスとパスワードを入力します。パスワードを忘れてしまったら，再設定の方法も用意されていますので，心配いりません。

　必要な入力が終わったら，「サインイン」ボタンをクリックすると，Zoom のホームウィンドウが開きます。このウィンドウの上方に，これから多用するグローバルナビの「チャット」ボタンがあります。これをクリックします。すると図 3-4 のようなウィンドウが開かれます。ここには何度も立ち戻ることになりますから，覚えておくことにしましょう。

　ここで，学生たちを「チャンネル」と呼ばれるグループにまとめて登録しておくことにします。「チャンネル」に登録するためには，学生各自をまずは，ばらばらに登録しておきます。その後，その学生たちを「チャンネル」に入れていきます。

　学生たちの連絡先を登録したいので，ここでは，「連絡先」のボタンをクリックします。次のように連絡先のウィンドウ（図 3-5）が開くので，「⊕」をクリックして，出てきたプルダウンメニューから「連絡先の追加」をクリックします。すると，「連絡先の追加」というポップアップウィンドウが表示されます（図 3-6）。

　ポップアップウィンドウには，学生のメールアドレスを入力します。これを入力して

22

図 3-4　Zoom のチャットウィンドウ

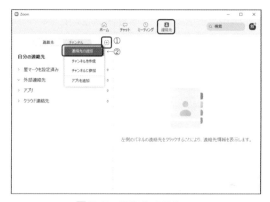

図 3-5　連絡先の追加へ

「連絡先の追加」ボタンを押すと，登録された学生にメールが届きます。

③学生の承認

　ここで，メールが飛んでいくはずの学生たちの Zoom クライアントに注目してみましょう。学生は自分のパソコンの Zoom アイコンをクリックするか，スマホの Zoom アイコンをタップします。サインインウィンドウが開くので，自分のオンライン授業用のメールアドレスと自分で決めたパスワードを入力して「サインイン」ボタンをクリックすると，Zoom ホームウィンドウが開きます。ここでも，学生には「チャット」ボタンを選択してもらいます。学生のチャットウィンドウ（図 3-7）の左の欄に目を向けると，「システム通知」の文字列が見え，赤いマークが付いて，通知が到着しているということを示しています。この「システム通知」をクリックすると，システム通知のウィンドウが開きます。

　学生が，この画面で教員から登録してよいかと聞かれていることがわかるので，「承認」ボタンを押してもらいます。学生が「辞退」ボタンを押すと，教員が学生を連絡先として登録することができません。あくまでも学生らの自発的意思が尊重されています。学生が「承認」ボタンを押すと，「チャットの開始」ボタンが現れます。

図3-6　ポップアップウィンドウ

図3-7　教員による登録を学生が承認するウィンドウ

④承認された教員側の画面

　学生から承認されると，教員の画面にも変化が生じます。「連絡先」ウィンドウの左側にある「外部連絡先」をクリックして下に拡げると，そこにはすでに承認され登録済みのメールアドレスの一覧が表示されます（**図3-8**）。

　教員が「連絡先を追加」して，メールを飛ばした後，学生がまだ未承認の場合はメールアドレスの後ろに「（申請中）」の括弧書きの文字列が付きますが，学生によって承認されるとこの括弧書きが消えるようになっています。

　グローバルナビの「チャット」ボタンを見ると赤い印が付いています。ここで「チャット」ボタンをクリックすると，チャットウィンドウ（**図3-4**）が開きます。左側の「システム通知」に赤い印が付いているので，ここをクリックすると，学生の承認によってメールアドレスがここに追記されているのが確認できます。

⑤チャンネルの作成

　こうして，学生を自分のZoomの連絡先に登録すると，ようやくこの学生たちを自分の授業の「チャンネル」に登録することができることになります。

教員側の Zoom ウィンドウのグローバルナビの「連絡先」ボタンをクリックし,「⊕」
を選び（クリックし）ます。

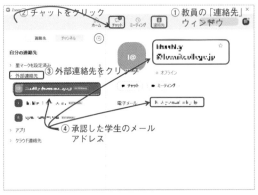

図 3-8　教員による登録を学生が承認したことを示すウィンドウ

図 3-9　チャンネル名の入力とメンバーの招待

表示されるプルダウンメニューから,「チャンネルの作成」を選択（クリック）します。
「チャンネルを作成」というポップアップウィンドウ（図 3-9）が表示されるので, ここ
にチャンネル名を入力します。ここでは「生命科学科」と入力しました。

「メンバーの招待」は「名前で検索」という文字をクリックすると, すでにメンバーと
して追加されているメールアドレスがリストになって表示されます。必要なメールアド
レスを次々にクリックすれば, クリックしたものが連続して招待者の候補に登録されます。
すべて選択し終えたら,「チャンネルを作成する」ボタンをクリックします。これで登録
した学生たちに承認を求めるシステム通知が出されるので, 学生たちから承認されるまで
は,「リクエストが承認待ちです」と表示されます。学生たちから承認されると,「チャッ

ト」ボタンを押して，メンバーが登録されていることが確認できます。

　グローバルナビの「チャットボタン」を押して，左側に表示されるチャンネル名，たとえばここでは作成したばかりの「生命科学科」をクリックするとそこに登録された学生のメールアドレスの一覧が表示されます。

　さらに追加したい学生がいる場合は，図 3-10 のように，①グローバルナビの「連絡先」ボタンをクリックします。次に，②「⊕」をクリックして，現れたプルダウンメニューから，③「連絡先を追加」を選ぶと，最初に行った「連絡先の追加」と同じ要領で追加することができます。

図 3-10　さらに追加したい学生がいる場合

⑥全員招待

　チャンネルの準備が整ったので，全員を一斉招待したいと思います。やり方は次のとおりです。Zoom ホームウィンドウを開いたら，Zoom のグルーバルナビから「チャット」ボタンを選びます。

　左の欄には，先ほど作った「生命科学科」のチャンネルが見られます（図 3-11）。「生命科学科」の文字列にカーソルを合わせて右クリックします。プルダウンメニューが現れるので，「ビデオありミーティング」を左クリックします。学生の通信環境やギガ制限（通信量の制約）に配慮して，音声だけで授業をする場合には「ビデオなしミーティング」を選びます。

　「ビデオありでミーティング」をクリックすると，ポップアップウィンドウが開きます。ここで「はい」をクリックすると次の画面（図 3-12）が現れます。「マイ個人ミーティングID（PMI）」と書いてあります。実は，開かれていたウィンドウは筆者（飯箸）の個人用 Zoom クライアントだったというわけです。このウィンドウで「開始」ボタンをクリックすれば，すぐに学生を招待することになります。しかし，ここはグッと我慢して，ミーティングに個別招待（学生が個別に参加）するためのデータを残しておきます。

図 3-11　「生命科学科」を一斉招待

図 3-12　マイ個人ミーティング ID（PMI）ウィンドウ

「招待をコピー」をクリックすると，クリップボードに必要なデータ〔ミーティングに個別招待（学生が個別に参加）するためのデータ〕が書き込まれます。また，「ミーティング招待を表示」のボタンを押すと，その下に「ミーティングに個別招待（学生が個別に参加）するためのデータ」が表示されます。この文字列全部を選択して［Ctrl］＋［C］などでコピーしてもクリップボードに必要なデータが書き込まれます。どちらかの方法でクリップボードに書き込まれた文字列を，［Ctrl］＋［V］などで，どこかにペーストしておくことがお勧めです。

図 3-13 には，この日の招待情報をメモ帳にペーストした結果を示します。このデータが失われないように，メモ帳（招待情報）は適当な場所に保存しておきます。一斉招待でオンライン教室に入れなかった学生，途中で通信が切れてしまった学生には，後でこの情報でオンライン教室に入ることを勧めます。後ほど，その場面で，改めて説明します。

さて，招待情報を保存したら，同じこのウィンドウでいよいよ「開始」のボタンを押します。すると「グループミーティング」を開始するかどうかを尋ねるポップアップウィン

飯箸 泰宏さんがあなたを予約された Zoom ミーティングに招待しています。

トピック: 飯箸 泰宏のパーソナルミーティングルーム

Zoom ミーティングに参加する
https://us04Web.zoom.us/j/285916XXXX?pwd=MDFMTXhveTZmSWRMM2FXd05TaHl1XXXX

ミーティング ID: 285 916 XXXX
パスワード: 5Qnnnn

図 3-13　この日の招待情報のペースト結果

ドウが開きます。ここで，「はい」を押すと，直ちに学生の画面にはミーティング（授業）への参加の意思を尋ねるポップアップウィンドウが開きます。参加しなければ授業が受けられませんから，学生は「参加」のボタンを押します。

　続いて学生は「ビデオ付きで参加」「ビデオなしで参加」のいずれかを選ぶようにうながされます。通信費が心配などの理由で，映像なしで参加したい学生は「ビデオなしで参加」を選ぶこともできますが，通常は「ビデオ付きで参加」を選択します。

　続いて表示されるのは「ミーティングのホストはまもなくミーティングへの参加を許可します。もうしばらくお待ちください」と表示される「待機画面」です。学生が「待機画面」で待たされている間に，教員側のパソコン上では，「電話で参加するのかオーディオを使うのか」を尋ねるウィンドウが開きますので，「コンピュータでオーディオに参加」ボタンを押します。

　教員の画面を開くと，右上のほうに「一人待機中です」の表示があり，その下に学生のメールアドレスが見られます。

　もし，この図（**図 3-14**）のように映像の右側にメールアドレスの一覧などが見えない場合は画面下にカーソルを移動すると，**図 3-15** のようなボタン群が見えてきますが，これらのうちの「参加者」ボタンをクリックすれば，映像の右側にメールアドレスの一覧などが表示されるようになります。

図 3-14　参加したい学生が一人待機中

図 3-15　参加者の様子を見るには「参加者」ボタン

　待機者のメールアドレスや名前が羅列される領域を「待機室」と呼びますが，これは不正な参加者をここで発見してブロックすることができるようにする機能です。コロナ禍が広がって Zoom への需要が増大したころ，各地のオンライン授業やオンライン会議に不正な参加者の侵入が相次ぎ，会議内容を盗み聞きするだけではなく，爆音を流したり，画面に赤い太い線を走らせてオンライン授業やオンライン会議を妨害する行為が流行しました。このような行為を Zoom 爆弾といいます。Zoom 爆弾を防ぐためには，不正な参加者の侵入を防止することが最も効果的です。参加希望者はいったんここで待たされて，主催者が点検して問題のない人だけを入室許可します。

図 3-16　参加したい学生が一人待機中（部分拡大）

　待機中の学生のメールアドレスにカーソルを乗せると，「許可する」と「削除」の文字が出てきます。問題がなければ「許可する」をクリックし，不審なメールアドレスまたは見覚えのない名前の場合は「削除」をクリックします（図 3-16）。

　在籍する学生を全部招待しますから，待機者が数十名に達することもまれではないでしょう。待機者が複数になると，「xx 人待機中です」にカーソルを乗せると，その右に「すべて許可する」のボタンが現れます。このボタンを押すと，速やかに全待機者の参加を許可することができます。

　教員側の許可が済むと，学生の側の待機画面が消えて，参加許可のポップアップウィンドウが表示されますので，「コンピュータでオーディオに参加」を選んでもらいます。これで，学生の画面には教員の映像が映し出されます。教員側の画面に映像が出てこない時は，ウィンドウ左下のビデオカメラのアイコンに赤い斜め線が入っていないかどうかを見てください。その左のマイクも同様です。クリックすると赤い斜め線が消えてオンになります。

　学生の画面でも同じことです。画像が見えなかったり音声が相手に届かなかったりする場合は，画面左下のビデオカメラやマイクのアイコンを調べるよう学生たちに伝えてください。

⑦**接続フォローアップ**

　ところで，一斉招待をしても学生たちがなかなか参加してこないことがあります。Zoom の接続に成功していないと，マイクでどんなに声をからしても本人らの耳には届きませんから，教員は，まずは冷静に彼らとつながるように努力をする以外にありません。

　一斉招待をしても学生たちがなかなか参加してこない場合，大きく二つに分けて対処法を考えます。

1)「学生の Zoom クライアントは立ち上がっているのに・・・」の場合

　図 3-14 の画面でカーソルを下に移動して現れる「参加者」ボタン（**図 3-15**）をクリックすると，ウィンドウ右下に「招待」ボタンが現れます。これをクリックすると次のポップアップウィンドウが開きます（**図 3-17**）。

図 3-17　招待状態の確認

　この図を見ると，接続には成功していないが，Zoom クライアントが起動している学生が2名いることがわかります。実は，接続に成功すると，図の中の各自のアイコンの右上に赤い小さなビデオカメラのアイコンが点灯します（**図 3-18**）。この小さなビデオカメラのアイコンがないものはすべて接続に失敗していることを意味しています。

図 3-18　オンライン教室に参加できた証のアイコン

　この小さなアイコンが伴っていない学生のアイコンをすべて選んで，ウィンドウ右下の「招待」のボタンをクリックします。これで，もう一度「招待」が実施されますので，ここで初めて接続できる学生もいます。

　実は，オンライン授業を体験してみると，オンライン授業が少し進んだころに接続が切れてしまう学生もいることがわかります。この操作は授業時間中くり返し15分から20分に一度行わないといけません。接続が切れてしまう原因は，学生の通信環境が貧弱でZoomの通信量に追いつかないケース，携帯電話に出ようとして誤った操作をして切断してしまうケースなど多様なことが考えられます。なかには，いったんZoomには接続したもののその裏画面でゲームをしていて通信負荷が高くなって接続が切れてしまうケースなどもあるようです。現場は見えないので，「疑わしきは罰せず」をモットーに，教員はせっせと再接続に汗をかくのがよいと思います。

2）「そもそも学生のZoomクライアントが立ち上がっていない・・・」の場合

　接続ができていないケースでは，**図3-17**のようなポップアップにも出てきません。理由はよくわかりませんが，ZoomクライアントのIDやパスワードを忘れたり，知っているのに入れ間違ってZoomに入れなかったりというケースが考えられます。自分のパソコンが壊れて友人のパソコンを借りたら，自分のパソコンに保存設定してあったIDやパスワードがまったくわからなくなった，というようなケースもありました。

　そこで役立つのが，先にとっておいた招待情報です（**図3-13**）。ここのIDやパスワードは一度限りのもので，ホスト側のZoomが立ち上げるごとに変わります。また，参加者各自が恒久的に持つ「マイ個人ミーティングID（PMI）」とも異なります。「マイ個人ミーティングID（PMI）」のIDやパスワードを忘れてしまった学生でも，この情報からオンライン授業に入ることができる利点があります。

　ただし，最初からこの情報を学生に配布すると友人知人にむやみに流布したりSNSにアップして公開してしまうなどのリスクが高くなりますから，一斉招待を実行した後に，学生らに知らせる用心深さが必要です。

　保存されていた「招待情報」は，**図3-13**のとおりですが，学生に知らせるのはこの中のURLだけで十分です。このURLには，IDもパスワードも埋め込まれていますから，「ミーティングID：285 916 XXXX」や「パスワード：5Qnnnn」をあえて教える必要はありません。

　また，招待情報は**図3-17**のウィンドウの左下のボタンからも取得できます。この情報は，学生たちにメールやLINE，Facebookチャット，WeChatなど，学生たちになじみのある簡便な手段で伝えることができます。

⑧楽しいオンライン授業

　授業は，学生にとっても楽しいものですが，教員にとっても大変楽しいものです。「楽しくなくちゃ授業ではない」というのが，私の考えです。真面目な顔でお話しするばかりでは面白くありません。教員はエンターテイナーのごとく，学生たちが寝てしまわないように，いつも頭も体も行動させることが必要です。

　●教員の感動を伝える授業をする。

●体験または疑似体験をさせる（学生が自ら感動する）。

●クイズやパズルで，頭を使わせる。

●視覚重視で画面共有を利用して図解する（**図 3-19**）。

●発表させる。

●グループ活動させる。

●小テストを行う。

●振り返り（授業の要約と感想）を提出させる。

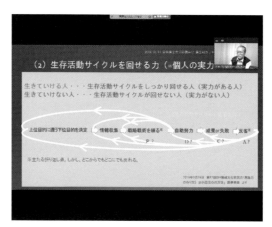

図 3-19　視覚重視の授業の例（Power Point 資料を画面共有）

⑨ Zoom のさまざまなサービスと進んだ使い方

　実は，これまで紹介してきた Zoom の使用方法は，ホストになる教員も Zoom の無料プランを利用する前提でお話してきました。無料プランでは，100 名までの学生の場合，本来は 40 分という時間制限があるので，そのつど再起動が必要になります。90 分〜120 分授業では授業の途中で 2 回再開始すればよいというわけです。

　そうならないようにしたいという方は，有料プランをお使いになると良いと思います。なお，ホスト（教員または学校）が有料の契約をしていれば参加者（学生）は有料契約があってもなくても，ホストが切断しない限り時間制限なく Zoom に参加し続けることができます。さらに，有料プランで可能な進んだ使い方について紹介します。

1）ブレイクアウトルーム機能

　いわゆる「座学」は，知識伝達のために最も効率的な方法ですから，今後もなくすことはできないでしょう。しかし，教員ばかりが活動している演説型の講義になりがちですから，教員だけが（むなしく）活躍していることが多くなり，学生の学習効果を十分に上げることができません。学生がアクティブに（主体的に）学習行動を起こさなければ学習効果が上がらないということは古くからわかっていましたが，日本でもアメリカから 50 年ほど遅れてようやく「アクティブラーニング」という概念が公式に取り上げられるように

なりました。

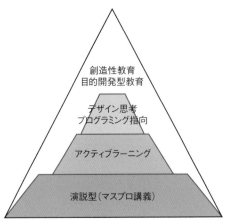

図 3-20　アクティブラーニングの位置づけ

　実は，アメリカでは，その後，ベトナム戦争敗北の原因を克服する教育指針として，さらにその先に進んで，「アクティブラーニング」を土台にして「デザイン思考教育」「プログラミング指向教育」に移行しています。筆者（飯箸）は，これらの教育技法の最上位に「創造性教育」「目的開発型教育」が必要であると主張してきました（図 3-20）。

　もちろん，「デザイン思考教育」「プログラミング指向教育」や「創造性教育」「目的開発型教育」も「アクティブラーニング」を土台にしていることには間違いがありません。したがって欠かすべからざる教育技法です。一方，まだはびこっている「演説型のむなしい授業」をまずは克服する必要がありますから，まずは「アクティブラーニング」の手法が日本中の教員の皆さんにとってもっと身近なものになることを願っているところです。

　個人学習にも利点と欠点があり，グループ学習にもメリットとデメリットがあります。経験を積んだ教員は，個人学習の欠点をグループ学習のメリットで補い，グループ学習のデメリットを個人学習の利点で補います。

　皆さんも，学生に「一人で考えなさい」という場合もあるでしょうが，学生をいくつかのグループに分けて，グループごとに一つの課題をみんなで取り組んだり，正解がこれというものがない意見を出し合わせたりすると思います。

　オンライン学習では，そんなことはできないと思っている方もいるかもしれませんが，Zoom には，「ブレイクアウトルーム機能」というものがあり，このグループ活動を行うことができるようになっています。ここでの「ブレイクアウト」とは「脱出」や「脱獄」という意味ではなくて，「分科会」という意味です。これは，グループ活動にはぴったりの機能になっています。「ブレイクアウトルーム」は最大で 50 個も作れますから，通常の授業で数が不足することはないでしょう。ただし，この機能は「無料プラン」にはなく，「有料プラン」にしかありません。

　「ブレイクアウトルーム機能」の有効化のためには，ブラウザで Zoom のトップページ

（Web ページ，URL:https://zoom.us/，**図 3-21**）を開きます。Zoom アプリケーションではありませんのでご注意ください。ここで，右上の「サインイン」ボタンを押して，あなたまたは学校の Zoom 個人 ID とパスワードで Zoom の管理機能にサインインします。

図 3-21　サインイン

図 3-22　「アカウント設定」を選ぶまで

図 3-23　「ブレイクアウトルーム機能」を有効にする

　サインインに成功すると，**図 3-22** のページが出てきます。赤い囲みを順にクリックして「アカウント設定」をクリックすると，「アカウント設定」のページに変わります。

　「アカウント設定」のページ（**図 3-23**）は縦にかなり長いページです。長くスクロールアップを続けると「ブレイクアウトルーム」の項目が出てきます。この項目のボタンは通常はレバーが左に寄っていてグレーになっています。ボタンのレバーを右に倒して，ボ

タンの色をブルーになるようにしてください。一度「ブレイクアウトルーム機能」を有効にしておけば，これを変更しないがぎり，同じ Zoom の個人 ID は「ブレイクアウトルーム機能」が有効のままになります。

　次に，学生を「ブレイクアウトルーム」に振り分けることになります。Zoom ミーティングアプリの画面の右下にある「詳細」のアイコン「…」（図 3-24）をクリックします。すると「ブレイクアウトセッション」のポップアップ項目が現れるので，これをクリックします。これで「ブレイクアウトセッションの作成」のポップアップウィンドウが開きます。

図 3-24　「ブレイクアウトセッション」を開く

　自動で振り分けることも可能ですが，手動で教員が教育的効果を狙って適宜それぞれのセッション（ルーム）に学生を振り分けることもできます。

　このようにして「ブレイクアウトルーム」に学生を振り分けた後，教員は各ルームを一つずつ覗きに行くことができます。一度に複数のルームを見ることはできませんが，あちこちのルームを覗いて様子をうかがうことや，それぞれのルームの学生にアドバイズを与えることもできます。

2) 参加者の接続ログを取得（出席を取る代わりに）

　授業の冒頭などで，教員は出席を取ります。遅刻も早退もいますから，授業中は常に気を配っていなければなりません。それどころか「ダイヘン（代返）」する学生や「フケる（教員に気が付かれないように教室から抜ける）」学生もいます。教員の目を欺いた時の快感は格別なものらしく，学生たちの楽しみにさえなっています。一方，公平な評価をモットーにし，また周囲からも期待されている教員はまったく気が抜けません。学生の数が多ければ名前を読み上げて出席を確認するだけで，10 分や 15 分かかってしまうことさえあります。貴重な授業時間がもったいないです。

　オンライン授業を続けてわかるのは，学生たちは少し工夫すると「偽装出席」ができるということです。自分の映像を停止またはアバター（身代わりのイラストなどの画像）に替えておけば，見かけ上授業に出席していることになり，その陰でゲームに興じていたり，授業をそっちのけで食事をしていたり，友達との携帯電話にながながと興じていたり，果ては，そのまま出かけてしまうこともできます。

　ゲームに興じていたり，友達との携帯で長電話していたりすると，Zoom アプリは立ち上がっているのに Zoom ミーティングは接続が切断されてしまいます。通信負荷がかかって切れてしまうというわけです。放置しているだけでも，電波環境の悪いところではしばしば接続が切断されてしまいます。Zoom アプリは動作している場合も動作していない場

合も教員は「⑦接続フォローアップ」を繰り返して「再開始」を促します。教員から再開始の要求が届くと「ピン」という音もしますから，真面目に Zoom 画面に向き合っていれば，「再開始」に気づかないわけがありません。それでもこれに応じなかった場合は，オンライン授業に参加していなかったと見なしてよいわけです。なかには，教員がフォローアップのために「再開始」を要求すると「辞退」という名の拒否行動を起こす者もいます。これは，少しの例外ですが，おおむね「授業に参加したくない」「教員の声を聞きたくない」という意思表示と考えられます。

　ただし，機器やネット環境の影響で本人が努力していても継続して接続できない場合がありますので，それは「自己申告」してもらうことにします。「自己申告」はよほどのことがない限り本人の申告どおりに認めてよいでしょう。

　自己申告がない限りは，接続時間が参加時間と考えてほぼ間違いがありません。その参加時間は，参加者の接続ログからはっきりとわかります。ただし，教員によるフォローがなかなか行えなかったりして，再開始が遅れるなど事態も起こりますから，これを勘案して，かつ「自己申告」を優先して出席の評価をすることが大事です。

　その接続ログですが，次のようにして取得することができます。「ブレイクアウトルーム機能」の有効化のための操作の際に説明したことと同様に，ブラウザで Zoom のトップページ（Web ページ，**図 3-21**）を開き，サインインします。それにより現れる**図 3-25**のページで，赤く囲った項目を順番にクリックすると，「ユーザー活動レポート」の「アクティブホスト」が選べるようになります。「アクティブホスト」をクリックして，次のページ（**図 3-26**）上部にある開始日と終了日を設定します。次にその下にある「ミーティング別」をクリックします。すると，その下に実施した授業のためのミーティングの一覧が出てきますが，授業名などは表示されませんので，実施した時刻と終了した時刻を見て，自分が担当した授業か否かを識別します。その授業（ミーティング）の列の右のほうに参加人数が表示されていますので，この数字をクリックすると当該授業（ミーティング）に参加した学生（および教員）の接続ログのポップアップウィンドウが開きま

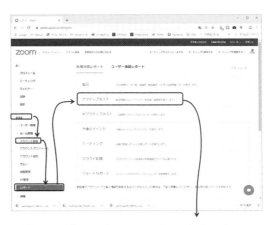

図 3-25　「ユーザー活動レポート」を開くまで

36

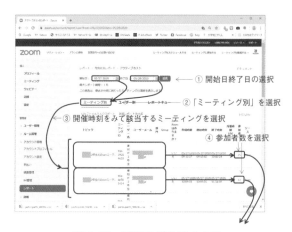

図 3-26　接続ログを開くまで

す。このポップアップウィンドウの右上にある「エクスポートボタン」をクリックすると
CSV ファイルがダウンロードされるので，CSV ファイルをエクセルで開きます。実際に
は，Excel がインストールされているパソコンなどでは，CSV ファイルをダブルクリック
するだけで Excel 表が開きます。

　たまたまサンプルにした接続ログは 50 分ずつの 2 コマが 10 分間の休憩をはさんで連続
する授業だったので，二つの授業の CSV ファイル，合計 2 個を合体して Excel の表にし
ました。その Excel の表で，「メールアドレス（個人が特定できる）昇順×開始時刻昇順
×終了時刻昇順」でソート（並べ替え）した表を図 3-27 に示します。

　筆者の場合はまず参加者別に細線で囲います。その中の接続行動を見ると，学生たちそ
れぞれの行動様式が見てとれます。細線で囲った中は一人の参加者の接続行動です。いっ
たん休憩をはさんでいること，1 回の接続で，My Zoom を立ち上げてから招待に応ず
るという 2 ステップを経ているので，長く接続する前に 1 分程度の短い接続が見られま
す。途中で休憩 10 分をはさんでいるので，各参加者には「1 分＋ 49 分」の組み合わせが
2 セットあることが期待されますが，休憩時間中も終了せずに継続している学生がいたり，
各時間とも最後は短めに終わっていたりする学生も少なくないことが見て取れます。つま
り，授業が終わりそうになると最後まで話を聞かずに退出してしまう学生が少なくない，
ということがここではわかります。極端に短ければ早退の扱いになるところですね。

　また図 3-27 を見ると，断続が激しい（a）や（h）のログが見られます。同じ ID の
My Zoom が二つまたは四つ同時に立ち上がっていて，接続ログの時間が重なっている事
象が見られます。同一のパソコンなどの上で同一の ID の My Zoom を複数同時に起動す
ることはできないはずなので，一人の学生の ID を使って別の人物または本人が複数のス
マホやパソコン上で My Zoom を起動していることも疑われます。同一の ID の複数起動
を Zoom は許していないので，短時間で切断が繰り返される事態となっています。原因は
よくわかりませんが，My Zoom のバージョンが古いままの場合に起こる場合が報告され
ているので，該当者にはバージョンアップを勧めます。

名前 (元の名前)	ユーザーメール	参加時刻	退出時刻	所要時間 (分)
(a)		'27/2020 10:09:16	05/27/2020 10:09:21	1
		'27/2020 10:09:22	05/27/2020 10:58:43	50
		'27/2020 10:58:44	05/27/2020 11:35:21	37
		'27/2020 11:35:21	05/27/2020 11:36:08	1
		'27/2020 11:36:23	05/27/2020 11:36:28	1
		'27/2020 11:36:28	05/27/2020 11:40:15	4
		'27/2020 11:40:16	05/27/2020 11:40:53	1
		'27/2020 11:40:54	05/27/2020 12:04:16	24
(b)		'27/2020 10:15:13	05/27/2020 10:15:22	1
		'27/2020 10:15:23	05/27/2020 11:36:09	81
		'27/2020 11:39:28	05/27/2020 11:39:42	1
		'27/2020 11:39:42	05/27/2020 12:04:16	25
(c)		'27/2020 10:09:15	05/27/2020 10:09:23	1
		'27/2020 10:09:24	05/27/2020 11:36:09	87
		'27/2020 11:36:22	05/27/2020 11:36:26	1
		'27/2020 11:36:27	05/27/2020 12:04:17	28
(d)		'27/2020 10:09:17	05/27/2020 10:09:23	1
		'27/2020 10:09:23	05/27/2020 11:36:09	87
		'27/2020 11:39:32	05/27/2020 11:39:39	1
		'27/2020 11:39:39	05/27/2020 12:04:14	25
(e)		'27/2020 10:09:22	05/27/2020 10:09:32	1
		'27/2020 10:09:23	05/27/2020 11:36:08	87
		'27/2020 11:38:04	05/27/2020 11:38:16	1
		'27/2020 11:38:17	05/27/2020 12:04:21	27
(f)		'27/2020 10:09:25	05/27/2020 10:09:48	1
		'27/2020 10:09:49	05/27/2020 11:36:09	87
		'27/2020 11:39:35	05/27/2020 11:39:40	1
		'27/2020 11:39:41	05/27/2020 12:04:16	25
(g)		'27/2020 10:09:13	05/27/2020 10:09:22	1
		'27/2020 10:09:22	05/27/2020 11:36:08	87
		'27/2020 11:39:38	05/27/2020 11:39:53	1
		'27/2020 11:39:54	05/27/2020 12:04:16	25
(h)		'27/2020 10:09:14	05/27/2020 10:09:21	1
		'27/2020 10:09:22	05/27/2020 10:19:06	10
		'27/2020 10:17:11	05/27/2020 10:17:17	1
		'27/2020 10:17:18	05/27/2020 10:20:17	3
		'27/2020 10:20:19	05/27/2020 10:23:11	3
		'27/2020 10:25:48	05/27/2020 10:28:36	3
		'27/2020 10:36:05	05/27/2020 10:36:16	1
		'27/2020 10:36:17	05/27/2020 10:37:26	2
		'27/2020 10:37:26	05/27/2020 10:40:18	3
		'27/2020 10:42:46	05/27/2020 10:42:56	1
		'27/2020 10:42:56	05/27/2020 10:45:59	4
		'27/2020 10:44:14	05/27/2020 10:44:22	1
		'27/2020 10:44:22	05/27/2020 10:47:25	4
		'27/2020 10:58:12	05/27/2020 10:58:24	1
		'27/2020 10:58:24	05/27/2020 11:05:57	8
		'27/2020 11:10:44	05/27/2020 11:11:02	1
		'27/2020 11:11:02	05/27/2020 11:36:16	26
		'27/2020 11:33:49	05/27/2020 11:36:08	3
		'27/2020 11:36:13	05/27/2020 11:36:24	1
		'27/2020 11:36:24	05/27/2020 12:02:23	26

図 3-27　参加者別の接続状況

　ここには出ていませんが，3分か5分しか参加していない学生も数名いることがこの日のログからはわかっています。彼らは，特別な事情を説明しない限り，私の授業では，欠席の扱いになります。大変ありがたいことに，少なくとも欠席した人は，ログに登場しませんから，はっきりと欠席と認識することができます。

　ログを取得すれば，名前を一人ひとり呼んだとしても，その前や後には参加していたかどうかの検証ができますし，場合によっては一人ひとり呼んで出欠を取る必要もなくなると考えられます。

第4章 授業実践（1）
「教育実習」に向けた理科模擬授業をオンラインで実施する：学生どうしをつなぐ方法（東洋大学）

オンライン＋対面複合型

大学での教職科目「教育実習」の授業は，文部科学省が示す「コアカリキュラム」の方針に沿って行うことになっています。そのなかで，中学校，高等学校理科の教育実習の「学習指導」という項目では，到達目標として以下が例として示されています。

> 1）学習指導要領及び児童又は生徒の実態等を踏まえた適切な学習指導案を作成し，授業を実践することができる。
> 2）学習指導に必要な基礎的技術（話法，板書，学習形態，授業展開，環境構成等）を実地に即して身に付けるとともに，適切な場面で情報機器を活用することができる。

これらの到達目標を達成するためには，大学内で行われる事前指導が必要になります。事前指導では，教員による講義形式の授業だけではなく，学生どうしによる模擬授業などを含めた対面型，体験型授業が不可欠になります。

対面型授業が果たせない場合，学生の学修の達成目標を保障しづらい困難な状況が予想され，引いては，教育実習校に多大なる迷惑や負担をかけ，大学の信頼失墜につながることになりかねない事態を引き起こすことも懸念されます。

そこで，今回，理系専門学科で教職履修をしている学生に，遠隔でのZoomミーティング，学内授業支援システム（manaba）等を活用した事前指導を行ったところ，学生が主体となった模擬授業の実践や相互評価など，教室で行う授業計画と同等・同質の実践が実現可能となり，到達目標1），2）について，学生の自己評価，他者評価，学生の満足度においても一定の成果が認められ，教室で行う授業と遜色ない実践につながるばかりではなく，これまで気づかなかったメリットなども見いだされ，きめの細かい授業づくりに繋がったので一例として報告します。

1 東洋大学の「教育実習」授業シラバスと Web を利用した授業の可能性とデザイン

「教育実習」の事前指導の授業を一方的伝達型の講義で行うことはできません。これまでの教育実習の事前指導は，実習校での教育実習で求められる力を発揮できるようにするために，教室に学生を集めた教員による一方的伝達型の説明を行うばかりではなく，担当教員と学生，さらには，学生間が双方向的な協働型授業を構成してきました（図 4-1）。教育実習の事前授業は，学生が教師としての立ち振る舞いができるような注意喚起やリアルな場面指導，互いの授業実践力，指導力を養うために，少人数の集団の形成，多数の教室を借用して生徒の反応を想定しながら模擬授業を実施，実施した模擬授業の相互評価，さらなる向上を目指したディスカッション，さらにその集約，外部講師による情報提供と協議など，きわめて多様な学習機会を含んだ授業計画を立てて，それを遂行してきました。その目的にもあるとおり，将来教職に就く際に必須となる力を多岐にわたって身につけることを目指し，よりリアルに多様な学習機会が求められるため，このような実習準備を遠隔で行うのは，当初，不可能だと感じました。

しかし，既存の大学で用意された Web ソフト〔manaba*を活用した授業支援システム（本学では Toyo-Net ACE），レスポン（respon）〕や，Zoom ミーティングを活用することで何かできないか，授業をデザインし始めました。シラバスとの整合性を見定め，学修条件を担保させていく必要があり，以下の整理を試みました。

今回の報告で必要な箇所を**表 4-1**に示します。

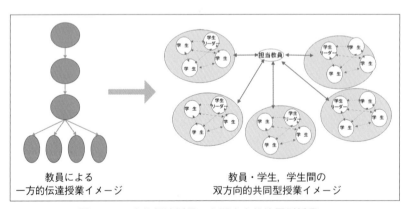

図 4-1　一方的伝達授業から双方向的協同型授業へ

＊manaba は Asahi-Net が提供しているクラウド型の教育支援サービスです。

表 4-1　授業デザイン比較

| | 必要要件
（シラバスの記述から引用） | これまでの教室での
事前指導の授業 | | Zoom ミーティング等を活用し
た事前指導の授業 | | Zoom ミーティングとこれまでの
授業とのとの比較 | |
		方法	特徴	方法	特徴	Zoom メリット	Zoom デメリット
目的 【学修到達目標】	・学校の教育方針や指導計画等に基づいて学校教員としての行動ができる。 （すべての時間）	適性な行動に向けての注意喚起を事務課，教員から行う。	伝達型の講義	Zoom ミーティングによる全体説明	双方向の確認が可能	双方向の確認が取れる。声とともにチャットによる質問が可能	教室空間のリアルな感覚
	・理科や道徳など担当する教科の学習指導案が作成できる。（特に第 4 回以降）	学習指導案の作成と，相互点検，教員による点検	双方向的な協働型授業	学習指導案の作成と，相互点検，教員による点検	双方向的な協働型授業	教員の丁寧な指導（大学内システム，manaba 班別スレッド機能使用）	教員の負担が大きい 学生間での協働意識以上に教員に頼りがち
	・生徒および教員間でのコミュニケーションを適切に取ることができる。 （特に第 4 回以降）	実習班ごとのコミュニケーション	双方向的な協働型授業	実習班ごとのコミュニケーション	双方向的な協働型授業	大きく写されるので学習者の表情把握が可能	教室のライブ感がない
【指導方法】	学生は，主体的に取り組むだけでなく，一つでも多くのことを学ぼうとする意欲や謙虚さが必要です。 （第 2 回以降）	相互評価を行い，授業改善に努める。	主体的な学習，双方向的な協働型授業	相互評価を行い，授業改善に努める。	主体的な学習，双方向的な協働型授業	相互評価を真摯に受け止めて授業改善につなげる	学生の意識次第によるところが大きい
	全員に向けての注意事項 （第 1 回）	教壇において，担当教員，事務職員が口頭にて伝達	伝達型の講義	教壇において，担当教員，事務職員が口頭にて伝達	伝達型の講義	双方向の確認が取れる 声とともにチャット質問が可能	教室空間のリアルな感覚
	学生どうしのディスカッションやプレゼンテーション （特に第 4 回以降）	教室内で実施	主体的な学習，双方向的な協働型授業	ブレイクアウト機能の利用，学生独自の Zoom ミーティング設定	主体的な学習，双方向的な協働型授業	相互評価を真摯に受け止めて授業改善につなげる	学生の意識次第によるところが大きい
	およびゲストスピーカーの招来（第 1 回）など，教育実習という活動を多角的に捉えていきます。 （すべての時間）	主に，事後指導において，外部講師を招聘	主体的な学習，双方向的な協働型授業	ゲストスピーカー教職支援室の教員によるライブ発信	主体的な学習，双方向的な協働型授業	旅費等がかからない	ライブ感がない
【事前・事後学修】	・事前学習：模擬授業，教育実習，実習報告会に備えて必要な準備を継続的に行う （模擬授業，第 4～7 回）	教室で実施	主体的な学習，双方向的な協働型授業	Zoom ミーティング全体を通じて実施	主体的な学習，双方向的な協働型授業	確認を取りながら，聞き漏らしが無い状況をつくれる。チャット即時質問可能	反応が返ってこない 黒板など教室にある状況ではない
	・事後学習：実習期間中はその日の活動や先生方からいただいたコメントなどを省察し，かつ毎日「教育実習日誌」に記録して整理する。 （模擬授業，第 4～7 回）	教室で実施 紙媒体で提出	主体的な学習，双方向的な協働型授業	Zoom ミーティング全体を通じて実施，manaba 班別スレッド機能にて，デジタル化して提出	主体的な学習，双方向的な協働型授業	グループごとの状況把握，情報集約が容易	

表 4-2　それぞれの授業での比較

	これまでの授業	Web を活用した授業
【講義スケジュール】	第 1 回　オリエンテーション（ガイダンス，「教育実習日誌」の内容理解） 第 2 回　教育実習中の活動①（実習校での一日の過ごし方，教育公務員の服務義務の確認） 第 3 回　教育実習中の活動②（授業の実施に向けた注意事項，校務分掌に関する注意事項）	必要事項をコンパクトにまとめて 3 回分の授業を 1 回にまとめて実施 manaba による資料提供 全体説明，レスポンによる学習状況の確認，Zoom ミーティングによる全体授業の実施
	自学自習による学習指導案の作成と学生相互の改善と，担当教員の添削と学生のさらなる改善	3 人～4 人の班を構成し，manaba 内にスレッドを作成 チャットに指導案提出，班員間の相互交流，相互学習を要求
	第 4～7 回　直前指導①～④（学習指導要領の内容確認，学習指導案作成の演習）	ブレイクアウト機能を利用したり，学生主催による Zoom ミーティングの利用，教員を招へい

2 Zoom ミーティングと，授業支援システム manaba（Toyo-Net ACE），レスポン（respon）を利用したオンライン＋対面複合型授業の実施

全体授業と班ごとの活動とを Web 授業で実現するために，使える手段を工夫しながら使ってみました。

①全体での授業は，教室を Web 中に再現

全体での授業では，Zoom ミーティングを開設し，Gmail を通じて履修学生全員（36 名）に連絡をし，時間とともに授業を開始しました。基本的には，大学での教室を Web 中に再現できました。連絡がうまく通じないことも想定されたので，事前に履修学生の LINE アカウントを把握し，トラブルがあれば，LINE にて教員からも履修学生間でも連絡を取り合うにしました。トラブルを確認し，それを常時，共有して全員が参加できる状況を作りました。所要時間は5分程度でした。

第1回目の授業は，例年，「教育実習」という授業の性質上，TT（team teaching）で実施し，かつ，事務課から事務手続きに関する連絡，外部講師として，学内教職支援室の支援員に教育実習での注意事項，および教員採用試験に関する諸情報等の連絡を行いました。これらは，教室で行う授業と内容にはまったく変わりませんでした。

教室と一番違ったのは，学習状況の把握や質問の対応で，これは，Web 中のレスポンやチャットを用い即時に把握が可能だったことです（**図 4-2**）。これまでの教室での対面

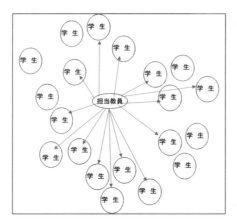

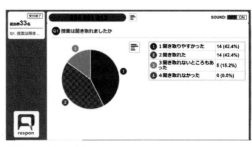

図 4-2　全体説明のイメージ
学習状況の把握や質問は，レスポンやチャットを用いて即時に把握が可能。

型授業では，すべての説明が終わった後に受け付けていましたが，Webを用いた授業では，学生は，質問が発生した段階で，チャットに質問文を入力することが可能になりました。このことで，個人的な解決で十分な内容は本人だけに，全体で共有する必要性のあるものは，即時に全体で取り上げて共有することができました。また，話者も言いそびれることがなく，多様なツールを適切に用いることができました。

②班ごとのやりとり

　各班で，学習者が普段資料などを閲覧するスペース（manaba）に，1班につき3人～4人程度のスレッドを立ち上げ，履歴を残すことを行いました。スレッド上で学習指導案を見あい，模擬授業をZoomで行い，実践状況を伝えあったり，実践報告しあったりするなどを求めました。指導者や他の班のメンバーからもスレッドを閲覧することができ（図4-3），他の班の進捗状況などを互いに意識しながら，学習指導案づくりや，授業実践力・授業検証力を高める取り組みを行いました。終了後は，レスポンを利用して，アンケートをとり，取り組み自体の振り返りを行いました。

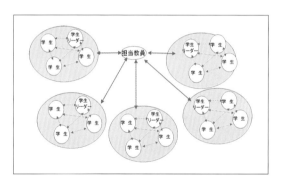

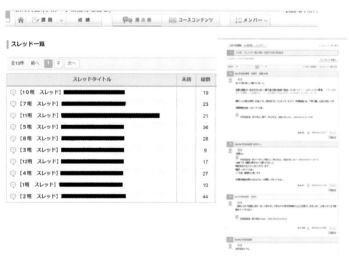

図4-3　manabaを活用した班ごとのスレッドでのやり取りのイメージ

グループごとで授業の学習指導案などの作成，授業の準備を行うとともに，先生役，生徒役をグループ内で決めて，模擬授業を実施することが可能です。

③ 指導案の添削の状況

① A君の学習指導案の改善

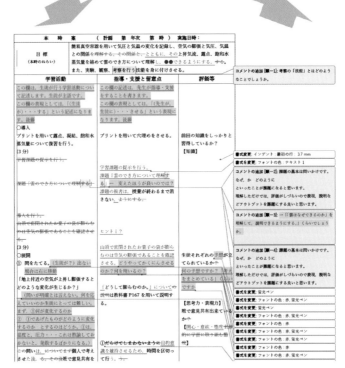

図4-4　学習指導案の添削例（1）

　A君は，学習指導案の書き方の作法がわかっていないだけではなく，教室では再現し
づらい実験を取り入れていました。また，授業において，学習者が退屈な状況に追い込ま

れることをばかりを心配し，対処対応について記載していました。学習指導案と授業計画の改善を添削で示し，学習者がより主体的で対話的な授業の構成を求めたところ，改善が図られ，模擬授業計画が見違えるように良くなり，自信を持って模擬授業を行えるようになりました。

② B君の学習指導案の改善

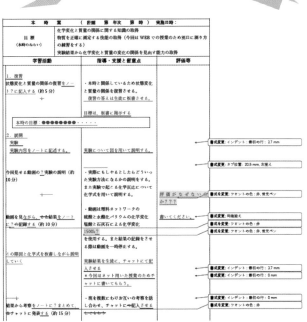

図 4-5　学習指導案の添削例（2）

　B君は，学習指導案の書き方も意図もあまり理解できていない状況でした。また，学習者の学習活動が乏しく，教師誘導型の授業を構成していました。学習指導案と授業計画の改善を添削で示し，学習指導案で記述すべき内容を伝えるとともに，学習者がより主体的で対話的な授業の構成を求めたところ，改善が図られました。

③ブレイクアウトルーム機能等を利用した模擬授業の実施

　Zoom のブレイクアウトルーム機能を利用すると，自動にも意図的にも３人〜４人一組で参加者をグループに分けることができます*。

　そのグループごとに一つの教室と見立てて，模擬授業を行うことができます。

　先生役と生徒役を決めて，先生役が授業を展開します。先生役は先生に徹します。先生役以外は，二役を担います。一役目は生徒役で，教室にいる生徒に見立てて対応します。もう一役目は，スーパーバイザー的な役割です。いわば，生徒の役と先生の先生役とを果たしながら，相互評価表に評価を記入しながら授業に参加し，模擬授業を実践する学生にさらなる改善を求めるアドバイスなどを行います。授業終了後は，相互に反省会を行い，実践者の学生は感想や改善点を，スーパーバイザー役の学生は良かったところと改善点に

図 4-6　模擬授業の例（1）

［カラー口絵参照］

学生 D が模擬授業の教師役を行っています。学生 C, D が二役を行っています。学生 D は，この日の内容をホワイトボードを用いて説明して，学生 C, 学生 E が授業を受けている様子です。

図 4-7　模擬授業の例（2）

学生 E が模擬授業の教師役を行っています。学生 C, D が二役を行っています。教師役の学生 E は，演示実験を行い，学生 C, 学生 D の反応を確認しています。

３人の真剣な授業の状況が見て取れる場面です。

＊ Zoom のブレイクアウトは最大 50 のルーム，１ルーム 200 名参加者を割り当てることができる（2020 年 5 月現在）。「ブレイクアウトルーム機能」の設定は，第 3 章の p.33 を参照してください。

ついて協議をします。担当教員も模擬授業場面にどこのグループにも直接参加，退出することができるため，教室ごとのその場の雰囲気を共有することが可能です。

模擬授業において，これらは，教室でも行っていることですが，Zoom ミーティングでも十分行えることがわかりました。

また，ブレイクアウト機能は，時間も設定でき，一斉に授業を開始し，一斉に終えることも可能です。終了を合わせたいときには，各グループ宛，一斉チャットメールで送信することも可能ですし，授業反省会終わっていないグループについては，直接メールを出したり，顔を出したりすることも可能です。ブレイクアウト機能を終了させれば，全員がZoom ミーティングに戻って全体の注意事項を確認することも可能となります。

4 振り返りと検証
①学生の評価　相互評価

学生が先生役としての模擬授業を行った後，また二役としての模擬授業を受講した後，それぞれの立場においてさらなる指導改善を目指した相互評価表に基づく評価を行いました。

評価といえば，図 4-8（a）に示す一方的な評価をイメージしがちですが，今回の模擬授業の評価は，図 4-8（b）に相互評価表の意識に立った評価です。

相互評価の一例を図 4-9 に示します。

相互評価では，自己評価では，しっかりと自己の取組を客観視して，指導の改善に努めるようにします。また，他者評価では，他者の良さをしっかりと伝えるとともに，他者の改善点について言葉を選び，評価される人のさらなる指導力の改善を願って記述して先生役の学生に手渡すものです。

第4章　オンラインによる教育実習

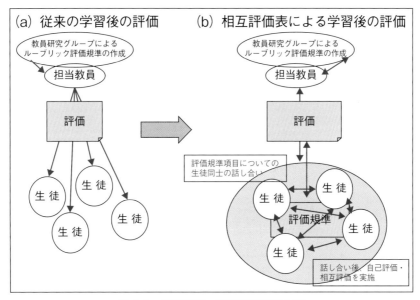

図 4-8　自己評価・相互評価の考え方

48

相 互 評 価 表

4月 25日	授業者 6班　氏名 ●●●●
教室	評価者（自己評価は無記入）班　氏名 ○○　○○

行った授業・見学した授業を一言で表すと何と書けるか。
　　雲ができる際の要素、条件を理解して、雲ができる仕組みを理解する。

理科授業評価の観点

0．本質を捉えていたか	良　　　　改	コ　メ　ン　ト
0-1 どんな力を伸ばしたい授業であるかが明確であったか。	4・③・2・・1	雲ができる仕組みについて理解させることができた。
0-2 内容を明確に捉えていたか。	4・③・2・・1	説明をもう少しわかりやすく行ったほうが良いと感じた。
0-3 子供がわかる授業であったか。	4・3・②・1	
0-4 次も受けたい授業であったか。	4・・3・②・1	
Ⅰ　教える事柄を工夫しているか		
Ⅰ-1 学習課題を明らかにしているか	④・3・・2・・1	どのように授業が進んでいくかを明確にしたほうが良いと感じた。
Ⅰ-2 内容の取り扱いを工夫しているか	4・3・②・・1	
Ⅰ-3 学習方法を的確に提示しているか	4・3・②・1	
Ⅰ-4 既習事項の定着や関係を図っているか	4・③・2・・1	
Ⅱ　効果的な授業技術を用いているかどうか		
Ⅱ-1 効果的な授業形態を探っているか	4・③・2・・1	話す内容を、もう少しまとめたほうが良いと感じた。
Ⅱ-2 効果的な実験等教材・教具・メディアを用いているか	4・③・2・・1	板書の内容を見やすくする工夫をもっと考えたほうが良いと感じた。
Ⅱ-3 授業での語らいは，適切であったか。	4・・3・②・1	
Ⅱ-4 板書は適切であったか。	4・・3・・2・①	
Ⅲ　生徒の活動を喚起するための工夫をしているかどうか		
Ⅲ-1 生徒の創意や思考，主体性を促すための支援をしているか	4・3・②・1	生徒が考える時間が全体的に少ないと感じた。
Ⅲ-2 生徒同士の対話のある授業ができていたか。	4・③・2・・1	生徒が、考えたことをほかの生徒に伝える機会を設けたのは良かった。
Ⅲ-3 生徒の学習時間を保障しているか	4・3・②・1	
Ⅲ-4 振り返りの時間はあったか。	4・③・2・・1	
Ⅳ　良好な学習環境を築いているかどうか		
Ⅳ-1 生徒との信頼関係を築いているか	4・③・2・・1	生徒とコミュニケーションをとりながら授業を行うことができた。
Ⅳ-2 生徒の学習状況を把握しているか	4・・3・②・1	
Ⅳ-3 学級づくりができているか	4・③・2・・1	
Ⅳ-4 理科学習のための環境整備が良いか	4・・3・・2・①	
ポイントの合計		

全体を通じての授業者へのコメント（自己評価の時には自分へのコメント）
授業全体を通して、流れは上手くつかめたように感じた。生徒が考える時間が、実験後の考察の時だけになってしまったので、予想などを入れ、生徒が考える時間をもっと取り入れたほうが良いと感じた。

図 4-9　相互評価表

②レスポンアンケート

　Zoom の利用により，教育実習の授業はこれまでと大きく変わりました。

(a) 学習指導案は書けるようになりましたか

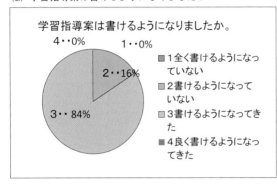

(b) 学習指導案を書くことに自信が持てているか

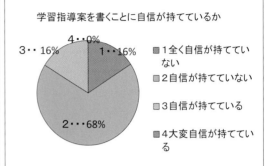

(c) 授業を行うことに自信が持てたか

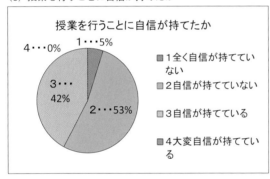

(d) 班員とコミュニケーションが取れたか

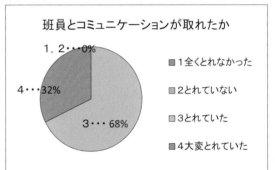

図 4-10　レスポンアンケートの結果

　学生の感想を挙げます。

> 「Zoom だったので実際の状況をなかなかつかめなかった。」
> 「生徒側のうなずきとかがあまり見えないので声をかけて確認しなきゃいけないので難しかった。模擬授業を受ける人数が少ないので実験や考察の時間想定が難しかった。」

と，書いている学生がいる一方，

> 「Zoom を使っての授業は思っていたよりも大変でした。しかし，めったにない経験を教育実習に行く前に体験することができたので，良かったと思います。」
> 「授業が終わって班のメンバーがしっかり指摘してくれたのでいいところ，直したほうがいいところがはっきりしました。しっかり協力し合ってできたので良かったかなと思います。」

50

などと，多くの学生は，肯定的な受け止めをしていました。

　多くの学生は，当初は大きな戸惑いを感じていたようですが，回を重ね，わがこととして受け止めながら，授業を計画，学習指導案を書き，授業実践をしているようでした。

　教室でない不安感から，授業への自信度合いはポイントが低い状況にあり，これがWeb模擬授業の限界であると考えられます。

5 実施者の感想

　普段，当たり前に教室で行っている授業ができなくなった際に，Webでやれることを整理しておく必要性があることを強く感じた。

教育実習Ⅰ（事前・事後指導を含む）					
担当者	角谷　昌則（カクタニ　マサノリ），後藤　顕一（ゴトウ　ケンイチ）				
年度	2020	授業コード	1900K17001		
対象年次	4	授業形態	実習	単位数	5
時間割	春火2	開講キャンパス	板倉	教室	2018教室

【サブタイトル】　学校現場の体験を通して実践的な知識と技能を学ぶ。
【講義の目的・内容】
　この科目は，教育職員免許法第六条に基づき必修科目として実施されるものです。
　この科目を通じて，教職課程で教員免許取得を目指す学生が，中学校もしくは高等学校に赴いて学校現場の諸活動を実際に体験することで，大学で学んだことを実践するとともに大学では得られない経験を得ていきます。授業の実施，学級づくり，生徒理解と対応，特別活動の指導，校務分掌など，将来教職に就く際に必須となる力を多岐にわたって身につけていきます。
【学修到達目標】
・学校の教育方針や指導計画等に基づいて学校教員としての行動ができる。
・理科や道徳など担当する教科の学習指導案が作成できる。
・教師および教育公務員としての服務義務やマナーを心得る。
・生徒および教員間でのコミュニケーションを適切に取ることができる。
・学校運営に参加し校務を分掌できる。
【講義スケジュール】
第1回　オリエンテーション（ガイダンス，「教育実習日誌」の内容理解）
第2回　教育実習中の活動①（実習校での一日の過ごし方，教育公務員の服務義務の確認）
第3回　教育実習中の活動②（授業の実施に向けた注意事項，校務分掌に関する注意事項）
第4回　直前指導①（学習指導要領の内容確認，学習指導案作成の演習）
第5回　直前指導②（模擬授業）
第6回　直前指導③（模擬授業）
第7回　直前指導④（模擬授業）
第8回　実習校訪問指導①（実習校での実習）
第9回　実習校訪問指導②（実習校での実習）
第10回　実習校訪問指導③（実習校での実習）
第11回　実習校訪問指導④（実習校での実習）
第12回　実習の振り返り（実習終了後の諸注意，「教育実習日誌」の内容確認と整理）
第13回　実習報告会①
第14回　実習報告会②
特別課題：ToyoNet-ACEのコースコンテンツに第14回までの内容からトピックをいくつか提示します。それらについて自らの実習体験を踏まえながら，関連資料を読んだうえで，分析と考察をレポートにまとめて，ToyoNet-ACEのレポートから提出してください。
最終レポート（上記の特別課題レポート）の作成を実施する。（レポートは提出後に解説を付す）
【指導方法】
　この科目では，大学の教員による指導はもちろん，実習校の先生方による指導が極めて大きな意義をもちます。よって学生は，主体的に取組むだけでなく，一つでも多くのことを学ぼうとする意欲や謙虚さが必要です。
　学生のそうした姿勢を前提とした上で，大学においては学生どうしのディスカッションやプレゼンテーション，およびゲストスピーカーの来招など，教育実習という活動を多角的に捉えていきます。
　実習期間中は大学の教員が実習校を訪問し，実習校の先生方と連携しながら学生の指導を行います。
【事前・事後学修】
・事前学習：模擬授業，教育実習，実習報告会に備えて必要な準備を継続的に行う【総計で15時間程度】
・事後学習：実習期間中はその日の活動や先生方からいただいたコメントなどを省察し，かつ毎日「教育実習日誌」に記録して整理する。【総計で15時間程度】

（第4～7回に「本章」の注記）

図4-11　東洋大学板倉キャンパスでの教育実習授業のシラバス

第5章 授業実践（2）双方向性を取り入れたオンデマンド型授業の実践（福岡教育大学）

オンデマンド型

現在，さまざまな教育現場で遠隔授業の取り組みが行われています。筆者（伊藤）は本学の学部2年生対象の「小専理科」の授業において，オンデマンド型授業に双方向性を取り入れて，自宅で行う化学実験と実験レポートの相互評価活動を行いましたので，その実践内容を紹介します。

1 どのような遠隔授業を行うか

①遠隔授業の種類

第2章で紹介されていますが，遠隔授業には「**同時双方向型（テレビ会議方式等）**」と「**オンデマンド型**」があります。従来の授業は，**図5-1（a）**のように大学の教室内で教員と学生が対面授業を行っていましたが，遠隔授業では，**図5-1（b）**のように教員と学生の双方がそれぞれ別の空間にいます。文部科学省からの通知では，遠隔授業に必要な要件として，「当該授業に関する学生の意見交換の機会の確保」と「設問解答，添削指導，質疑応答等による十分な指導を併せて行うこと」が示されています。このようなことを行うためには，教員と学生，学生どうしがオンラインで繋がる必要がありますが，同時双方向型は，このような繋がりを作ることが得意な手法です。一方，旧来のオンデマンド型では，文部科学省が通知している要件が満たされないことから，授業資料の提示だけでなく，何らかの別の手段によって双方向性を担保することが必要になります。

学校が休校になってから，休校中の子どもたちの学びの保障や，子どもたちと教師が繋がることの安心感という観点から，オンライン会議システム（Zoom等）を利用した同

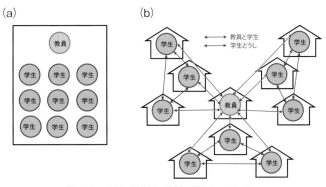

図5-1 対面授業と遠隔授業のスタイル

52

時双方向型の遠隔授業が注目されています。筆者はZoomを使ったゼミや会議を経験済みでしたので，これまで行ってきた対面授業を遠隔授業にするために，当初はZoomを使ってWeb内で再現しようと考えていました。しかし，本学では受講者である学生の通信環境への配慮と学内・地域の通信量を考慮して，「オンデマンド型」が推奨されました。現在，本学では授業内容や形式に応じて，オンデマンド型と同時双方向型が行われていますが，本章では，筆者が行った双方向性を取り入れた新しいオンデマンド型の授業について紹介します。なお，オンデマンド型授業では，教員と学生がオンラインで繋がっていないオフラインの時間もありますが，双方向を取り入れており，オンラインで繋がることで成立する授業ということから，本章では図5-1（b）のように，広い意味でオンデマンド型授業をオンライン授業に位置付けて扱っています。

②学習管理システムをどうするか

　オンデマンド型授業を行う際に必要となるものが，授業資料の配布，レポート提出，教員と学生間の情報交換，出席管理等を行うための学習管理システムです。すでに，本学では「LiveCampus」を利用しており，学内にサーバーがあります。しかし，今回の遠隔授業を全学で実施すれば，授業資料が膨大な量となり，サーバーへの負荷が心配されました。また，学生によるファイルのアップロードもできません。このため，大学からGoogleが提供するクラウド型教育プラットフォームの「G Suite for Education」の使用が推奨されました。G Suiteでは「ドライブ」にファイルを保存することになりますが，これは外部サーバーであり，容量が無制限であることもメリットです。

　実際の授業は，G SuiteのClassroom内に受講学生を登録した"クラス"を作り，この中でドライブに保存しておいた授業資料（説明動画）を提示し，出席確認，課題・レポートの受け取り，掲示板でのフィードバックを行っています。詳細は以下で述べます。

❷ 双方向性を取り入れたオンデマンド型授業の構築

　上記を踏まえて，本学の初等教育教員養成課程2年生対象の「小専理科」という授業でオンデマンド型授業を作ることにしました。この授業は，90分1コマで約120名が対象ですが，第3回目〜第14回目は約30名ずつの四つのグループに分けて，それぞれ，物理・化学・生物・地学分野の実験・観察等を行っています。本書では，化学分野の授業のうち，遠隔授業で行った2回分の実践内容について紹介します。

①どのような構成にするか

　まず，これまでの対面授業を，学生の立場で「説明の理解」，「質問」，「実験・作業」の三つのパーツに分けてみました〔図5-2（a）〕。学生個人が行う実験の授業は，講義と違って授業の流れをある程度想定できることから，授業内容さえ工夫すれば，図5-2（b）にあるようなオンデマンド型の授業を組むことができると考えました。授業冒頭での説明と実験後のレポート作成等の説明は，教員からの一方向でもできるので，説明動画に置き

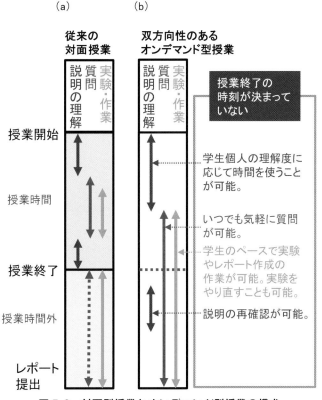

図5-2　対面型授業とオンデマンド型授業の構成

換えることにしました。学生からの質問対応については，授業を行う Google Classroom 内の掲示板を使うことにして，双方向性を担保しました。

　対面授業や同時双方向型授業では，授業終了時刻が決まっていますが，オンデマンド型授業では厳密に決める必要がなく，レポート提出まで自由に時間を使えることが特長です（ただし，授業開始時刻は決めています）。学生は，自分のペースで説明動画を視聴し，疑問があれば，後で視聴して再確認することができます。これによって，自分のペースで実験やレポート作成ができるうえに，いつでも教員へ質問することもできます。実は，この授業時間外の学びは，大学にとっては大きな意味をもちます。単位を認定するためには，大学設置基準により定められた学修時間*があり，授業時間外の学修も必要とされています。**図5-2** からもわかるように，オンデマンド型授業では，授業時間外の学修の充実にも繋がるものと期待されます。

②どのような授業内容にするか

　実験系の授業をオンデマンド型にする場合，最も悩むのが授業内容です。今回，オンデマンド型にするために，授業内容を一部変更しました（**表5-1**，赤字が変更点）。これま

---

*大学設置基準上，大学での学びは，授業時間に事前事後の主体的な学びに要する時間を加えて，「学修」とされています。

54

表 5-1　授業内容の比較表

	授業内容	これまでの対面授業	今回のオンデマンド型授業
第1回	ものの溶け方	・学習指導要領上の取扱いの説明 ・実験（シュリーレン現象の観察） ・実験（硫酸銅の溶解）	・学習指導要領上の取扱いの説明 ・情報収集と実験計画立案 ・実験（シュリーレン現象の観察）
第2回	相互評価	・学習評価の説明 ・演示によるミニパフォーマンス課題の考察記述の相互評価活動	・学習評価の説明 ・レポートの相互評価活動

シュリーレン現象の実験をやってみよう

水にものが溶けていく様子を観察する実験として、右図のような「シュリーレン現象」の実験が知られています。

皆さんには、自宅にあるもの（または入手容易なもの）を使って自分なりに工夫を行い、シュリーレン現象の様子が分かる画像を作ってもらいます。

子供にシュリーレン現象を説明するための画像を作ることを想定してください。

図 5-3　授業動画の内容

では，第 1 回に「ものの溶け方」に関する実験として，大学の化学実験室でティーパックに入れた食塩を溶かして「シュリーレン現象」を観察していました。こちらで実験道具を用意し，受講学生全員が同じ実験を行っていましたが，ある時，学生から「他のものを溶かしたら，どうなりますか？」と聞かれたことがありました。

そこで，この機会に自宅で実験を行ってもらうようにして，溶かすものや道具は自分なりに工夫してもらうことにしました。さらに学生には，「子どもにシュリーレン現象を説明するための画像を作ることを想定してください」と指示し，その様子を自分も入れて撮影し，画像ファイルをレポートに貼り付けて提出してもらうようにしました（図 5-3）。なお，硫酸銅を使う実験は自宅ではできないので削除し，代わりにシュリーレン現象の情報収集と実験計画の立案を入れました。このように，内容によっては自宅での実験が可能ですが，より専門性の高い実験では，実験操作を理解させるための説明動画や，シミュレーション実験に置き換えることになるかと思います。

第 2 回の相互評価については，これまでは簡単な演示実験を見せて，その考察の記述内容について評価規準表をもとに相互評価活動を行っていました。今回，第 1 回の実験後に出されたレポートの相互評価活動を授業時間中に行うようにして，第 1 回と第 2 回に連続性をもたせることにしました。

②どのような授業資料を作るか

オンデマンド型の授業資料といえば，説明動画を真っ先に思い浮かべますが，ビデオで撮影して動画を作るのはハードルが高いものです。しかし，目で見るだけの資料教材では，学ぶ意欲と効果が下がることが心配されます。そこで，「見て」，「聞いて」学んでもらうため，PowerPoint ファイルに教員の解説音声を入れて，mp4 形式で出力した説明動画を作りました（Google Classroom ではスライドショーの ppsx ファイルをサポートしていないため）。この作業は，すべて PowerPoint 上で行うことができるため，特別な機器やソフトが必要ありません。説明動画には，教員からのインプットだけでなく，学生による調査や活動のアウトプットも入れるようにして，学生の授業への集中が途切れないように工夫しました。こうして，90 分授業 1 コマあたり 20〜30 分の説明動画を作成しました。

③ 実際の授業の様子

Classroom では，教員があらかじめ設定した時間（授業開始時刻少し前）になると，図 5-4（a）のように課題が提示されます。学生は，表 5-1 の内容に関する説明動画を視聴し，その指示内容に従って学びます。第 1 回は，説明動画の視聴確認（出席確認）のため，シュリーレン現象について調べたことを簡単にまとめて，コメント欄に記入して提出してもらいました〔図 5-4（b）〕。レポートは，添付ファイルとして，この場所から提出します。この「限定公開コメント」欄は，学生と教員の個別のやり取りで，他の学生には見えません。全体に関わるコメントは，図 5-4（a）の下にある「クラスのコメント」欄に書き込めば，クラス全員で共有できますが，実際は，質問のほとんどは「限定公開コメント」欄が使われました。やはり，個別の方が質問しやすいようです。

(a)

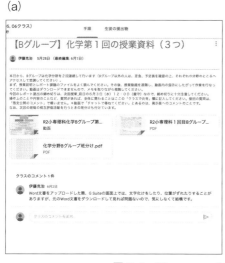

(b)

図 5-4　Classroom 内で課題を掲示している様子

第 2 回では，第 1 回の実験レポートの相互評価活動を行いました。前日に学生から提出されたレポートに対して，教員が「ドライブ」上でグループ内のメンバーだけが閲覧でき

シュリーレン現象

① 日時　2020 年 6 月 2 日　晴れ

② 使った道具
　・透明なガラスのコップ
　・割りばし
　~~1)　・針金~~─ひも　※針金だと怪我をする危険があるため、ひもに変えた。
　・氷砂糖

③ 実験方法
　~~2)　コップに水をそそぐ。~~─水をそそいだコップを用意した。
　~~3)　針金に氷砂糖をくくりつける。~~─氷砂糖にひもを括り付ける。
　~~4)　割りばしの間に針金にくくりつけた氷砂糖を挟む。~~─割りばしの間に、ひもに括り付けた氷砂糖を挟んだ。
　~~5)　3)の割りばしをコップのふちに引っ掛け、水が入ったコップに氷砂糖を入れる。~~─水が入ったコップに 3)を入れ、割りばしをコップのふちに引っ掛けた。
　~~──※氷砂糖がコップの底から少し離れた位置になるように針金を調節する。~~※氷砂糖がコップの底から少し離れた位置になるようにひもを調節した。
　~~6)　氷砂糖の様子を観察する。~~─氷砂糖が溶けていく様子を観察した。

実験準備の様子がわかる画像を添付した。

④ 結果
　氷砂糖の下から透明なもやが、すぐにでた。
　もやは、コップの底に流れていくような動きをしていた。

手で持つと実験結果が変わる可能性があるので、机に置いて撮影した。

⑤ 考察
　シュリーレン現象とは、透明な媒質の中で場所により屈折率が違うとき、その部分にしま模様やもや状の影が見える現象である。屈折率の差が大きければ肉眼でも観測される（参考文献　weblio辞書）。
　今回の実験では、透明な~~媒体~~媒質である水の中で、氷砂糖を溶かしたときの様子を観察した。実験の結果としては、氷砂糖が水の中で溶け出したときに、透明なもやのようなものがコップの底方向に流れるような様子が観察できた。
　このもやの~~正体~~原因は、溶け出した氷砂糖の~~糖である~~によるものと推定できる。~~その糖と水の部分は~~糖が溶け出した部分の媒質は、他の部分と密度が異なる。光は、密度が異なるものの境目で進行方向を変えることになる。~~ため、密度が異なると光の進路が変化する。~~まとめると、水に溶けた氷砂糖の~~糖~~水溶液は、水と密度が異なるためそこだけ屈折率が変化し、もや状の影ができたのだと~~推測される~~考えられる。

⑥ 参考文献　http://www.edu.utsunomiya-u.ac.jp/kagaku/minami/rika/buu/refraction.pdf
　　　　　　https://youtu.be/dL9JxUSC_IU
　　　　　　https://site.ngk.co.jp/lab/no246/
　　　　　　（最終閲覧日 2020 年 6 月 2 日）

図 5-5　学生のレポート［カラー口絵参照］

るように共有設定をします（この時に，印刷やダウンロードができない設定も可能です）。授業当日は，学生は学習評価の説明動画を視聴後，その指示内容に従って，まず自分のレポートの自己評価を行いました。次に，共有が許可されたグループ内のレポートを見て他者評価を行い，評価した相手に「他者評価シート」をメール添付で送りました。このように，グループ内で「ドライブ」上の資料を共有することで，リアルタイムでなくてもグループ活動をすることができます。

　自己評価・他者評価シートの結果をもとに，レポートの加筆・修正や再実験を行う課題を出し，翌週に再提出してもらいました。修正点がわかるように，削除部分は取り消し線を引き，加筆部分は赤字にしてもらいました。すべてのレポートは，他者評価結果を踏まえて適切に改善されていました。図5-5に一例を示していますが，他者評価コメントを踏まえて，書き直し以外にも再実験までした学生もいて，学ぶ意欲の高さに感心しました。オンデマンド型授業では，教員と学生の1：1になりやすい特性がありますが，相互評価のようなグループ活動を取り入れることにより，学ぶ意欲にもつながると実感しました。

4 学生のアンケート結果

　遠隔授業のアンケート結果を図5-6にまとめています。まず，授業スタイルは圧倒的に対面授業が良いという結果でしたが，その理由は二つ考えられます。一つ目として，本学は教員養成大学なので，直接対話することの価値を感じている学生が多いことが挙げられます。二つ目は，自由記述で「慣れていないため」という記述が結構あったことから，遠隔授業自体への戸惑いもあったかと思います。

　興味深いことに，「対面授業よりも質問しやすい」の問に対しては，回答がほぼ半分に分かれました。自由記述では，「対面授業の方がわからないことを直接自分で言えるので楽である」との回答がある一方で，「直接ではないので質問しやすい」との回答があり，同じ学習環境でも意見が分かれることが明らかになりました。

　一方，対面授業と比べて，「集中して学ぶことができた」，「授業内容を理解しやすい」，「学ぶ意欲が高まった」と肯定的な回答した学生が17％〜30％いることは注目すべき結果かと思います。自由記述では，「動画を何回も見返せて再確認できる」，「時間帯にあまり縛られず質問等ができることは良い」，「自分のペースで学習できる」などの記述があることから，このような結果になったものと考えられます。この部分は，双方向性を取り入れたオンデマンド型授業の強みかと思います。なお，ZoomやMeetのような同時双方向型との比較では，ほぼ半分に分かれました。予想はしていましたが，同時双方向型またはオンデマンド型の単独では，すべての学生に適している授業方法ではないといえます。

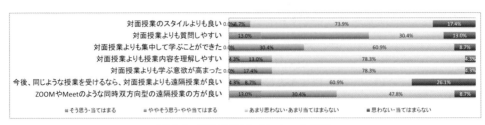

図 5-6　遠隔授業のアンケート結果

　今回は自宅で実験をしてレポートを書いてもらいましたが，自由記述の中に「学校でしかできないような実験をしたり，学校にしかない器具・道具を使ったりできないのが残念」という回答がある一方で，「家で実験をするなど，遠隔授業ならではのこともできて面白かった」，「家庭でも理科を身近に感じることができた」という回答もありました。実験系の遠隔授業では，動画やシミュレーション実験に頼るところがありますが，やはり，実際に実験をすることが大切だと改めて感じました。

　一方，「家での受講はモチベーションを持続させることが難しいと感じる」という回答もありました。学習意欲を高めるためには，内容，形式，フィードバックが重要ですが，児童生徒を対象とする遠隔授業では，さらに重要になるかと思います。

5 今回の遠隔授業の感想

　今回，双方向性を取り入れたオンデマンド型授業の実践を通して，まず，これまでの自分の授業を見直すことができました。具体的には，授業内容の精選（授業時間外の内容を含む），視覚的にわかりやすい授業資料の作成，そして授業方法の工夫です。なかでも，教員と学生の双方向コミュニケーションについては，今回，個別対応可能な掲示板の利用によって，質問しやすい環境ができたと感じています。ただ，文字だけでは，正確な情報伝達手段としての限界があることや，学生どうしの対話の雰囲気があることで質問や意見が出やすい場面もあることから，直接対話の大切さも感じました。アンケートにあるように，学生たちも同じように感じているようです。

　次に，実際に実践するなかで，掲示板での質問や課題のやり取りを通して，改めて学生の学びのペースや理解度に差があることも感じました。学ぶ内容に応じて，個別最適化された学びとグループや一斉での学びを組み合わせることが大切だと思います。

　今回の実践は，学生たちの学びの文脈を想定しやすい内容でしたが，今後は，想定しにくい内容への対応が必要だと考えています。その際，内容に応じて「オンデマンド型」と「同時双方向型」の得意なところの組み合わせ，もっといえば，対面授業が再開された場合でも，対面授業とオンライン授業の組み合わせも必要でしょう。学ぶ内容と学生の実態に応じた多様な学びの環境と，そこでの学びを評価する環境を整えることが大切だと思います。

第6章

授業実践（3）オンラインによる化学実験の実践（仙台高等専門学校）

オンライン型

1 はじめに

　化学の面白さは物質の変化にあります。溶液を混合して起こる変化が感動を与え，学生を惹きつけるでしょう。楽しい授業を心がけている化学系の教員は，実験が大好きな人が多いようです。実際にインターネット上には，化学実験の動画があふれていて，これを見せれば十分ではないかというぐらい，うまくできている演示実験がたくさんあります。しかし，ただ漠然と見せるだけでは，学生が自ら身体を動かして自然を理解するという主体性を鍛えることにはなりません。

　それでは，学生実験をオンラインでできるかというと，大方の教員はためらいがちになります。最も大きな理由は，大学レベルの実験ができるような十分な設備が，家庭では期待できないことでしょう。しかし，家庭環境も大きく変わっています。キッチンには簡単な電子天秤や電子レンジがあるのが当たり前になってきました。明るい発光ダイオードが室内の照明や懐中電灯にも使われています。何にも増して素晴らしい精密機器は，スマートフォンに搭載されている各種のセンサーです。また，PC やタブレット上で Excel のマクロを使った操作ができれば，複雑な微分方程式の数値シミュレーション表示も可能になります。これらを活用すれば，かなり高度な実験ができそうです。

　本章では，学生が化学反応における物質変化を観察し，それを数量的に扱い，データ処理を学べるような大学レベルの学生実験の実施を試みた例を紹介します。とくにオンライン授業は受動的になりがちなので，自分の身体と頭脳を働かせて試行錯誤してもらうことを念頭におきました。再現性のチェックをしてもらうことや，仮説や予想を立てさせるような実験の基本にも重きを置きました。この授業で何かひとつでもできるようになった，新しいことがわかるようになった，得をしたという感覚を学生に味わってもらうよう努めました。何よりも，知ることは楽しいことと感じてもらうよう心がけました。

　ここで，用いたシステムについても簡単に紹介しておきます。仙台高専は 2006 年から世界標準の Blackboard を学習管理システム（LMS）として導入し，教材の配布やレポートの受け取り等に用いて e-Learning を先導してきました。このシステムは 2016 年より全国 51 校の国立高専で共通に使われるようになり，オンデマンド型教育の下地は早くから整っていました。2018 年には全国の国立高専に Microsoft Teams が導入され，双方向型オンライン授業が可能になっています。今回はこれらを駆使した取り組みになりました。

❷ 教育内容

　化学の学生実験として，大学の初年度程度の一般化学の内容を含めました。とくに分析化学で必要となる知識と技術を理解させること，および物理化学で必要となる化学反応の速度に対する知識と測定技術の修得をさせることを目指しました。もちろん，数値データの取り扱いや，その処理法の修得を通じて，今後の化学実験にも役立つことが期待されます。大学の学部3年生程度の内容まで深めようとするなら，もっと高度の反応機構の説明も加えられるし，高校生レベルまでやさしくしようとするなら，定性的な取り扱いにとどめます。

○物質の濃度を吸光度から測定できること

　着色した溶液を半分に薄めたら，光の透過度は2倍になりますか。私たちの目で見る濃さの感覚はどのぐらい正確なのでしょう。これを簡単な装置を自作して測定ができることから学びます。濃度をきちんと測定してデータの取り扱いができるようになることを目指します。

○反応による濃度変化は数式で表せること

　反応の速さというものは測定できますか。またできたとして，それは数式で表せますか。一次反応は放射性物質の減衰などに見られる一般的な現象ですが，これが意味することを理解し，寿命という概念の完全な把握までたどり着くことを目指します。

○反応速度式から反応メカニズムの類推ができること

　化学では反応式の係数合わせの問題が多く，複雑な酸化還元反応では係数が3とか5になる場合もあります。しかし，実際に気相や液相の反応では，3個とか5個の分子が一度に衝突して反応が起こることは極めてまれです。したがって何らかの反応中間体が存在し，それが生成したり最終生成物に変化したりする段階が反応の速さを決めている場合が多いのです。ここでは一次と二次の反応速度を例にとり，反応メカニズムの類推ができることを学びます。

❸ 授業の概要

　今回の授業は，大学1年に相当する高専の4年生の2クラスを対象とし，化学特別講義の中で3回に分けて実施しました。教材など資料の配布は前述の Blackboard を用い，双方向オンライン授業は Microsoft Teams を使いました。

①反応速度に関する導入と光透過度の測定

　身近な現象で，反応の速さが重要である例を紹介します。たとえば速い例では，自動車のエアバッグがあります。衝突時には，加速度を検知して約 30 ms で数 10 リットルの気体を膨張させなければなりません（図 6-1）。遅い例としては，数千年の寿命の S-アスパ

ラギン酸のラセミ化があります（**図 6-2**）。これは発掘された人骨の年代判定に使われています。

図 6-1　急激に気体を発生するエアバッグ

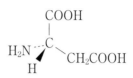

図 6-2　生物が合成する S-アスパラギン酸

　これらの例を紹介した後，身近にある照明器具とスマートフォンを用いて，光透過度測定のできる装置を組んでもらいます。暗幕など必要な道具類は百円ショップなどで授業後に買い求めてもらいます。溶液試料は，自分で紅茶を入れて作っても良いし，麦茶などの市販のボトル入りのものを使ってもよいでしょう。市販の飲料は，意外に一定の光透過度に品質管理されていて再現性が高いのです。LED 照明器具の光強度の安定性もかなり良いと思います。スマートフォンには，アーヘン工科大学の開発した phyphox（カラー口絵参照）というアプリをインストールしてもらいます。このアプリを用いると，光強度のデータは Excel ファイルとして PC かタブレットに転送できるので，この技術を学生に修得させます。実験結果は LMS を通じて提出してもらいます。

　ただし，今回の実験に使用した phyphox の光センサーを用いる機能は，現在のところAndroid のスマートフォンにしか対応しておらず，残念ながら Apple 系の機器（iPhone,iPad など）では使用できません。phyphox を使用できない学生には，ほぼ同様の実験を，スマートフォンのカメラで撮影してもらうなどの方法で実験を行ってもらいましたが，紙幅の都合でそれらは割愛します。

②吸光度の計算と反応速度の測定

　家庭で行った濃度測定について，学生が得た Excel ファイル内の透過度のデータから，吸光度を計算し，濃度に比例する量がどのようにして定義できるか（**ランベルト・ベールの法則**）を学びます。数値データを得ることができなかった学生には，こちらから適当な数値の透過度の値を与えて吸光度を計算してもらいます。これが理解できるようになったら，市販のうがい薬の主成分である三ヨウ化物イオンを，アルカリ溶液中で不均化させるか，適当な還元剤を用いて脱色する過程を調べる実験について説明し，授業後に各自で測定を行ってもらいます。アルカリとしては，磨き粉として用いられる重曹を 10 ％程度の水溶液とした後，加熱して炭酸ナトリウム水溶液にしたもの，還元剤としては天然ハチミ

ツ（フルクトースなどを含む）を水に溶かしたものを用います。時間とともに変化する透過度を Excel のデータとして取得し，濃度に換算した結果を提出してもらいます。

③反応に伴う濃度変化の解析法の解説

　ここでは前回の授業後に行った反応速度の実験の意味を解説します。各自が得たデータを一次と二次の速度式で解析する方法について説明します。一次と二次の速度式の特徴と，そこから導き出される反応機構についても説明します。次回までに，自分の測定データで解析した結果を提出してもらいます。数値データが得られなかった学生には，こちらから適当な数値の表を与えます。

４ 授業実践の記録（1 時間目）
①反応の速さとは

 化学反応は非常に速い反応，遅い反応があったよね。

 化学反応がなぜ重要かというと，効率の良い物質合成，体内での薬の作用調整，大気環境の理解，物質分析への応用など化学を理解するために重要であることはすでに話したよね。速い反応，たとえば爆発が生活に応用されている事例としては，エアバッグがあるよね。遅い反応の例としては，アミノ酸のラセミ化による年代測定などがあるよね。
　私たちの身近にも化学反応を色の変化でとらえることができるよね。

図 6-3　家の中でできる化学反応の例

 漂白剤を用いた例も載せましたが，これらを使用するときは注意してね。薬品を混ぜるときには，必ず安全を確認しよう。

②色による化学反応の認識

 滴定法について何か知っている？

 中和滴定。

 指示薬は何だっけ？

 忘れました。

 フェノールフタレインだったね。その他にも，酸化還元滴定なども学習したね。

 比色法，だれか知っている？

 比色法の例として，水中のアンモニア検出の例を紹介するね。熱帯魚を飼っている人は知っていると思うけれど，水がよごれているかどうかを確認するのにアンモニアを検出するよね。アンモニアの量を調べるのに，採取した水に試薬を加え，その着色の度合いで，アンモニアの量を調べる方法があり，このときに色の違いで，アンモニアの量を定量します。pH 万能試験紙も同じようなものだったね。今回は，phyphox が利用できない人には，デジタル比色板を作成してもらいます。

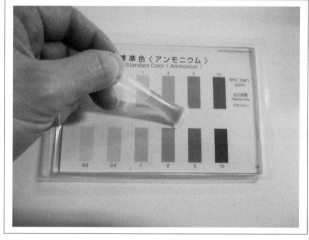

図 6-4　比色法：水中のアンモニア量の検査

［カラー口絵参照］

64

装置についてはみんなに考えて欲しいので，あまり細かくは説明しないよ。今日のレポートには装置の図も書いてもらいますが，CAD を使って書くまではしなくてよいので，手書きでイメージ図などを書いてね。最低限は知ってもらわないと装置ができないので，PowerPoint に示したような装置を考えてみてね。大事なのは，センサーが光の強度を一定に認識できる装置にすることだよ。これができないと，次回の実験で正確な値が取れなくなるので，考えて作成してね。

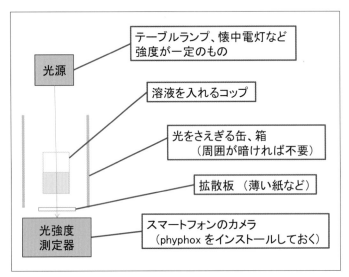

図 6-5　実験装置の組立て方（例）

家の中にあるもので調整した溶液で 3 回ぐらい測定して再現性を確認してね。

③質問の時間
（直接の質問と CHAT での質問の両方で受付，すべてに CHAT で返答）

何でも質問を受け付けます。

家のスタンドは暖色系ですが，大丈夫？

OK，だけど光量が不足するかも。

食塩水では？

色がないとだめ。

 撮影する時は，コップの上から？　横から？

 良い質問，最終的には反応につれて変化する様子が撮れればよいです。

 クローゼットや倉庫の中でも大丈夫？

 OK，でもクローゼットの中で液体こぼすと大変なので注意してね。

 コップの側面の柄は大丈夫でしょうか？

 コップの置き方で影などにより光が変化しないように注意して下さい。

 厚さはどこまでが許容範囲？

 光が一定量透過すれば大丈夫，ガラスでなくてもプラスチックでも OK。

 箱の大きさに制限は？

 家の人に迷惑にならないように。

 散乱板は必要？

 実験してみて必要と思ったらやってみて。無くても大丈夫かも。

 溶液の量は一定ですか？

 そうです，今回は 50 ml から 100 ml 程度かな。
あと phyphox からの送り方など必要な情報は LMS に載せておきます。
質問は随時メールで受け付けます。回答は LMS に載せておきます。
来週，皆さんの作った装置を紹介してもらいます。言われたとおりにやればよい
というより，時間をかけて自分でいろいろ試してみることが大切です。

5 授業実践の記録（2時間目）

①各自の作成した装置の紹介

 装置を見せて構わない人は，カメラを on にして，装置を見せて工夫した点を説明して。

 特になし。

 とまどっているかな。では，僕の作った装置で説明しよう。

 基本的には 100 円ショップで購入した LED の懐中電灯を光源として，ペットボトルが入っていたボール箱を加工しただけ。同じ位置にスマーフォンが設置できるよう切り込みを入れ，全面は，100 円ショップで購入したフエルトの黒布で覆うだけ。以上です。

図 6-6 　実験装置の組立例

［カラー口絵参照］

②物質の濃度を測定する

 今回は物質の濃度を調べるために，異なる濃度の溶液を調製してもらいます。これが意外と大変。適当に行うと結果に表れるので，しっかり行いましょう。原液の濃度を C_0 としたときに，それぞれに，水を加えて，望みの濃度の溶液を調製する。今回は，紅茶を例に，5種類の濃度の溶液（$0.2\,C_0$, $0.4\,C_0$, $0.6\,C_0$, $0.8\,C_0$, C_0）と水のみの6種類の濃度の溶液を調製。紅茶を適当に薄めて，これを原液（濃度：C_0）にする。原液 20 g に，水 80 g を加え，濃度 $0.2\,C_0$ の溶液とする。以下，これを繰り返し，20%，40%，60%，80% の溶液とし，原液，水のみと合わせて，計6種類の溶液を調製します。

○ 比色用のサンプル作り

まず紅茶を入れて…
(着色溶液ならOK?)

料理用の秤を使って
正確に薄める

並べて色の濃さを比べる（比色）
$0.1C_0, 0.2C_0, 0.3C_0, 0.4C_0, 0.5C_0$
C_0は元の紅茶の濃度

図 6-7　光透過度と濃度の関係を理解しよう

［カラー口絵参照］

この6種類の溶液を，前回自作した装置で測定してみてね。測定は，同じコップを用いて，同じ位置で測定すること。コップの置き方により大きな測定誤差が出るので注意すること。

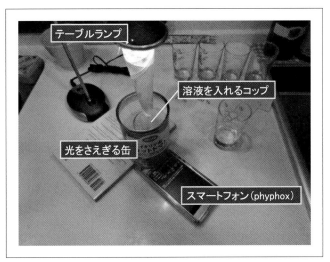

図 6-8　実際に測定する様子

測定したデータから透過度を計算してみよう。phyphox からのデータを PC かタブレットに送る方法は，前回に学んだよね。

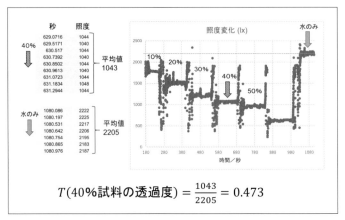

$$T(40\%試料の透過度) = \frac{1043}{2205} = 0.473$$

図 6-9　実際に測定されたデータ（Excel ファイル）

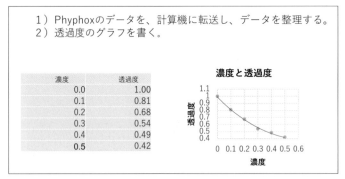

図 6-10　濃度と透過度のデータの例

③反応速度を測定する

 ヨウ素入りのうがい薬で反応速度を測定してみよう。

反応によって，ヨウ素の色が変化する様子から反応の速さを見ていこう。

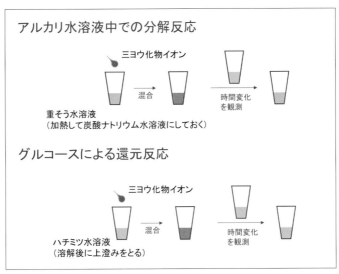

図6-11　実験例：うがい薬（ポピドンヨード）の脱色

グルコースによる還元反応を調べるには，グルコースの含まれているものを利用することができるよね。どれでも良いけれど，例として，ハチミツ，ぶどうジュース，清涼飲料水で反応を試した結果です。以下のようなものを使ったところ，×印は色がついていたり，反応で変色したりと，今回の実験には不向きだったことがわかります。みなさん何を用いるかな。

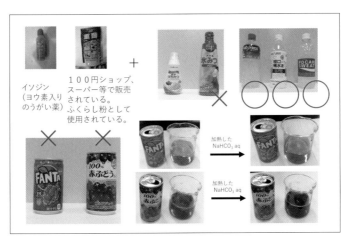

図6-12　反応速度の実験の材料

先の手順で，重曹（炭酸水素ナトリウム）を煮沸して，炭酸ナトリウムに変化させ，アルカリ性の溶液として，うがい薬とそのまま，あるいは，グルコースなどの糖の入ったものと反応させてみてね。その結果を，前回の装置で測定し。phyphox で得られたデータを，パソコンに転送してグラフとして示してね。

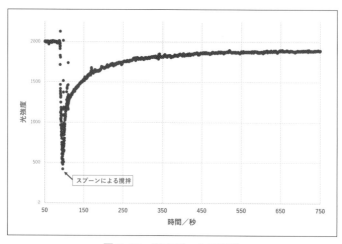

図 6-13　測定データの取得

④質問の時間

水の透過度はどのタイミングで測定しますか？

最初や最後のどちらか，あるいは両方で測定してください。phyphox に関しては，装置を稼働させて，そのままコップの中身を入れ替えながら，かつ，コップを一定の位置で測定してください。水だけの測定は光強度の確認になるので大切です。

すいません，ハチミツを入れるタイミングについて，もう一度説明していただきたいです。

ハチミツとか糖の溶液は最初に作っておいて，アルカリにする重曹加熱水を加えてから，適当量を加えればよいでしょう。その後でヨウ素（三ヨウ化物イオン）です。

自宅にハチミツがなく，ケーキシロップ（ホットケーキとかにかけるやつ）で代用したいのですが可能でしょうか？　無理であれば買いに行きますが。

ケーキシロップでもいけると思います。濃度を上手にコントロールしてください。ブドウ糖，果糖が成分にあれば OK。

ブドウ糖果糖の表記ありました。ありがとうございます。

重曹は料理用と掃除用どちらでも成分的に大丈夫ですか？

重曹は，掃除用，台所用どちらでも大丈夫です。

ハチミツを使う場合　水に重曹を加えたものを加熱 → 冷ました後，この溶液を別な容器に分ける → 分けた溶液にハチミツを溶かして混ぜる → イソジンを入れて観察という認識でいいですか？

そのような認識でよいと思います。

実験は連続で測定しますか。

連続で測定してもらったほうがよいでしょう。

実験用の同じコップが準備できない時はどうすればよろしいでしょうか？

一つのコップを使用し，なおかつ，測定する位置も同じにしないとそれだけで誤差が大きくなります。コップを動かさないように，ストローで液を吸い出してもいいですよ。

同じコップが5個あっても1個だけを使ったほうがいいんですか？

1個だけ使ってもらったほうがよいと思います。

実際に測定されたデータのExcelのグラフは，散布図（直線）で作成してもよいですか。

散布図で作成して下さい。

散布図の種類は，何でも良いのでしょうか。

この場合はどれでも大丈夫です。横軸が時間，縦軸は光強度です。

コップが電子レンジ対応ではないのですがどうしたらいいでしょうか。

瀬戸物の容器で加熱して，冷えてからコップに移せばよいと思います。

濃度の測定は，何種類ほどで実験すればよいですか？

濃度は最低6種類ぐらいを行ってください。

 mLは，電子天秤で重さを測って「g」を「mL」に換算してもよいですか。

 天秤ではどちらを使ってもらってもよいのですが，質量パーセント濃度ということを1年生の時に勉強しました。重さで測った方が正確な値となります。

 レポートに考察と書いてあるのですが，どのようなことを書けば良いでしょうか？

 実験をしてみて気が付いたことなどを記載し，どうしたらもっと上手に行えたのか，いままで思っていたのと何が違っていたかなどを記載してください。できれば化学的な理論も含めてかんがえてもらえればと思います。

（実験に関しては，PowerPoint で具体的な実験方法を示し，さらに詳細な実験方法を記したものを学生に指針として配布した。）

6 授業実践の記録（3時間目）

①吸光度を求める

 この前の実験はどうだった。結構大変だったかな。提出されたレポートを見ると，みんなが頑張ってくれた様子がよくわかります。今日は，これまでの実験をまとめながら，われわれが2週間かけて何を行ってきたかを解析していこう。

 初めに左のグラフを見てね。左のグラフは，先日みなさんに測定してもらった透過度です。透過度は，濃度とどのような関係にあるでしょうか。

 直線で表される関係にありません。

 そこが重要だね。濃度と透過度が直線関係にあれば，簡単に濃度を割り出すことができますが，これでは無理だね。そこで透過度の対数をとると，簡単に直線関係になったね。つまり透過する光と濃度は，光の部分の対数をとると濃度の変化に対応することがわかる。これを**吸光度**という。これを知ってほしかったのでこの実験を行ったよ。

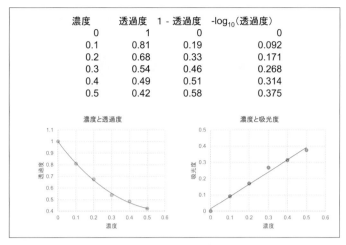

濃度	透過度	1 - 透過度	$-\log_{10}$（透過度）
0	1	0	0
0.1	0.81	0.19	0.092
0.2	0.68	0.33	0.171
0.3	0.54	0.46	0.268
0.4	0.49	0.51	0.314
0.5	0.42	0.58	0.375

図 6-14　濃度と透過度（T）の関係

この関係を理論的に示したのが次の PowerPoint の図になるね。

光が厚さ ℓ の溶液の中を透過するときには，もともとの光（I_0 の強さ）が，出てくるときには，I_ℓ まで減少します。物質があるために光が吸収され，非常に薄い厚さ dx では，光は dI 分だけ減少すると考えていいね。この dI の減少量は，光が部分的に吸収される量 $I dx$ に，物質による違いの係数 a を掛けたものになります。ここで，光の強度と微小な厚さの部分に変数を分けて考え，厚さを 0 から ℓ まで積分した量は，全部の厚さの層を通過した光の減少量に等しくなることがわかるね。

あとは，みんなの得意な積分をすればよいので，

$\ln (I_\ell / I_0) = -a\,\ell$　が導かれたね。

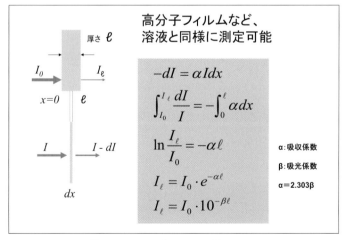

図 6-15　透過度と吸光係数の関係

この関係は，**ランベルト・ベールの法則**として知られ，世界中の学生が必ず学ぶことなので，理解してね。

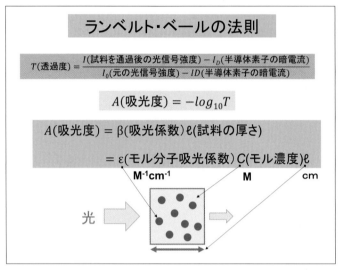

ランベルト・ベールの法則

$$T(透過度) = \frac{I(試料を通過後の光信号強度) - I_D(半導体素子の暗電流)}{I_0(元の光信号強度) - ID(半導体素子の暗電流)}$$

$$A(吸光度) = -log_{10}T$$

$$A(吸光度) = \beta(吸光係数)\ell(試料の厚さ)$$

$$= \varepsilon(モル分子吸光係数)C(モル濃度)\ell$$

M⁻¹cm⁻¹　　　　　M　　　　cm

光

図 6-16　ランベルト・ベールの法則

 この意味するところは，次のようにまとめられるよ。

○ 光透過度の測定から濃度を求めることができる

透過度＝試料通過後の光強度÷元の光強度

○ 吸光度は濃度と光の通過する長さに比例する

吸光度＝−log₁₀(透過度)＝比例定数×濃度×長さ

図 6-17　まとめ

②反応速度の理解

 今回の実験は，褐色の三ヨウ化物イオン（I_3^-）が化学反応によって変化し，色が消えていく現象を測定していたことになるね。さっきの吸光度の話で理解できたと思うけど，物質の濃度は吸光度と比例関係にあるので，初めに測定データを，時間と吸光度の関係として整理してみよう。そうすると，物質がどのように減少していったかがわかるね。

図 6-18　測定データから吸光度への変換

反応速度を解析することにより，この反応がどのように変化しているかが理解できる。まず，一次の反応速度だけれど，これは次のようなことを指すよ。

$$A \rightarrow P$$

エタンの熱分解、放射性原子の崩壊
蛍光状態の失活など、時間によらず
一定の確率で起こる現象。

時刻 0 で[A(0)]あった物質が、
時刻 t で [A(t)]に減少する。

図 6-19　基本的な速度則

これは物質の濃度が，一定の比率で減少していくということで，次のような式で表され，初濃度が徐々に減少していくという式になるね。

$$\frac{-d[A]}{dt} = k[A]$$ 変数分離して $$\frac{d[A]}{[A]} = -kdt$$

時刻 0 から t まで積分すると

$$\int_{[A(0)]}^{[A(t)]} \frac{d[A]}{[A]} = -\int_{0}^{t} kdt$$

$$\ln \frac{[A(t)]}{[A(0)]} = -kt$$

あるいは $$[A(t)] = [A(0)]e^{-kt}$$

図 6-20　速度則の式の変形

一次反応を解析すると，特徴的な値として半減期という，初めの濃度が半分に減少する時間が求まるね。これは，放射性同位元素が崩壊するときにも用いられるよ。福島の原子力発電所の爆発で飛散したセシウム 137 は，約 30 年の半減期なので，30 年経てば，放射線量も半分に減少することもわかるね。このように一次反応の場合は，時間に対して濃度変化の対数をとればよい。すなわち吸光度の自然対数をとることによって，その減衰が直線にのれば反応が一次反応と判定できるということになるね。

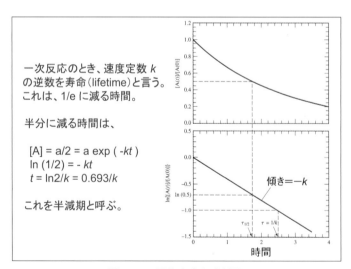

一次反応のとき、速度定数 k の逆数を寿命（lifetime）と言う。これは、1/e に減る時間。

半分に減る時間は、

[A] = a/2 = a exp (-kt)
ln (1/2) = - kt
t = ln2/k = 0.693/k

これを半減期と呼ぶ。

図 6-21　平均寿命と半減期

では，次に二次の反応速度について考えてみよう。A と B の二つのものが反応するか，あるいは，A どうしが，2 分子で反応する場合があるよね。ここでは，簡単にするために，A どうしの反応を見ていくね。最終的には，濃度の逆数に

比例する関係が得られたね。

$$A + B \rightarrow P$$
$$2A \rightarrow P \qquad \text{最も簡単な二次反応}$$

$$\frac{-d[A]}{dt} = \frac{k}{2}[A]^2 \qquad \text{変数分離して} \qquad -\frac{d[A]}{[A]^2} = \frac{k}{2}dt$$

$$-\int_{[A(0)]}^{[A(t)]} \frac{d[A]}{[A]^2} = \int_0^t \frac{k}{2}dt$$

$$\frac{1}{[A(t)]} - \frac{1}{[A(0)]} = \frac{k}{2}t$$

図 6-22　二次反応

 ここから二次反応は，時間に対して濃度の逆数をグラフにすると，比例関係にあることがわかるね。

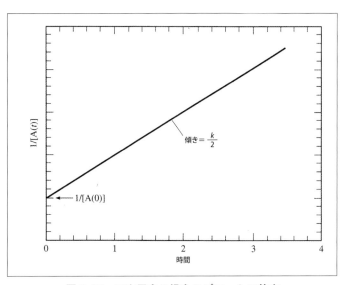

図 6-23　二次反応の場合のプロットの仕方

 以上を用いて，自分で測定した反応が，一次反応なのか，二次反応なのかを見てみよう。

78

③質問の時間

 先週の実験に対しての感想はありますか。

 濃度の調整が大変だった。

 吸光度に関しての質問はありませんか。

 とくにありません。

 log を使って計算する場合と，ln を使って計算する場合についてもう一度聞いていいですか。

 log は常用対数で，10 を底とします。ln は自然対数で，e を底とします。吸光度を求めるときは log を，一次反応でプロットするときには ln を使ってください。

　今回は，Excel の使用法など，与えた課題に関する質問が多かったので，ここでは割愛します。

7 学生アンケートの結果
①全体の傾向
　今回の実験に対して学生に対して行ったアンケートをまとめた結果を下記にまとめました。

【1回目】

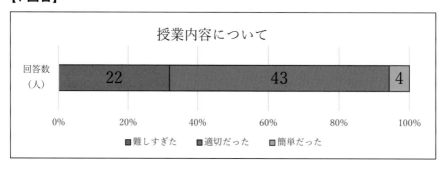

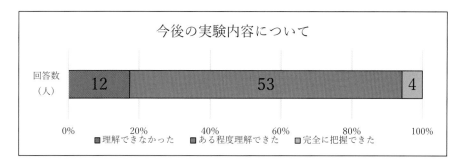

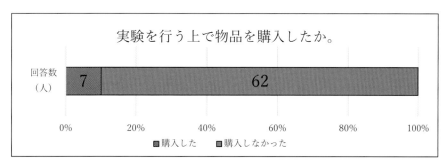

【2回目】

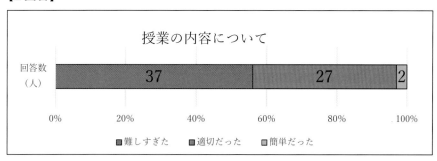

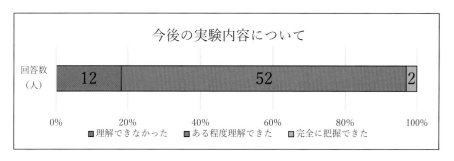

80

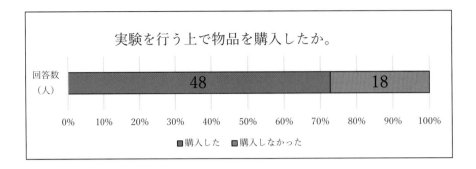

【3回目】

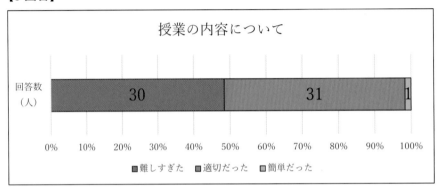

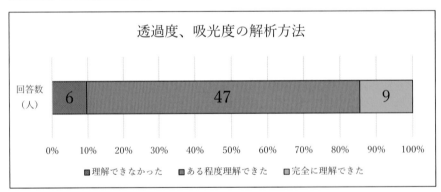

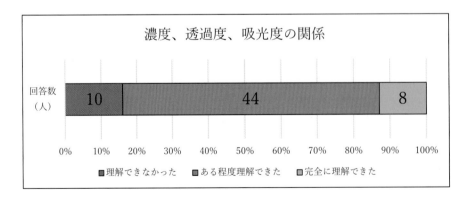

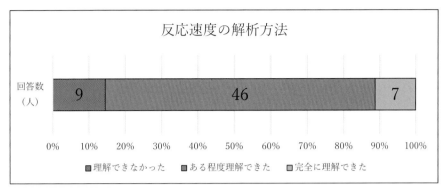

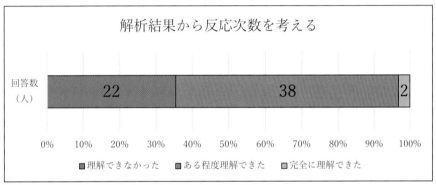

　1回目は，測定装置の製作を行ったが光量を正確に測定するという意味を把握し，考えた装置を作製した学生が多く見られました。アンケートの結果を見ても妥当な実験であったと思います。学生にとっても比較的簡単に装置が作製できたようです。

　2回目は，濃度の異なった溶液を正確に調整する必要があり，また色に変化の無いどのような溶液でもよいから6種類の濃度の異なった溶液を作ってもらいました。予想どおり，学生は溶液作りにかなり苦労したようです。

　3回目は，Excelの操作が主になってしまいましたが，自分でグラフ化してみて理解を深めたようです。Excelの操作に関して，勉強になったという学生と，実際のデータを扱うことが初めての経験であり，とまどったという学生がいました。

②自由記述欄から
○良かった点

　学生からは，初めての遠隔実験授業ということもあり，家で実験するということに驚いたとの声が寄せられました。一人の学生は，「今まで体験したことのない状況で実験なんて，と思っていました。しかし，できないと決めつけるのではなく周りの物をよく観察し考えることで，どんな状況でもできる実験を行うことは，これからさまざまなことに役立てることができると思った」や，「水面に波ができても照度に変動は見られないのは意外だった。調べてみると，スマートフォンの照度センサーには微小な光の変化では反応しないものがあるということが判明したので，そのことが影響していたのかもしれない」など，

現在使用している機器の特性まで調べ，実験結果を理解する学生も見受けられました。逆にわれわれも，家庭で実験を行うことが学生にとっては驚きということを知りました。

　2回目のアンケートでは，「実験自体もすごく楽しみながらやったが，個人的にはそれを記録していく作業がとても面白かった。とくに，時間ごとの色の変化など，データとしての変化だけでなく，視覚的に変化を見られるようにする作業がデータの解釈を理解しやすくしており，満足感があった」や，「はちみつでも試したが上手くいかず，スポーツドリンクに切り替えたが，うまく脱色できずにトライ＆エラーを繰り返した。色の変化は地味だが，イソジンによって薄赤色になった溶液が時間の経過とともに透明になっていく様子はとても印象深く感じた」などの意見が寄せられました。また，資材調達の難しさについても多くの意見が寄せられました。

　3回目のアンケートでは，Excelに関する記載が多く，「Excelを使用してグラフを出すのは難しかったですが，自分で試行錯誤して出力できたので，自信につながりました。今回の実験は家庭で行ったため，さまざまな障害がありましたが，なんとかやり切ることができました。ですが，みんな同じ条件で実験をし，その中で実験の数値の変化を調べるというのが一番いいなと思うので，学校でやるのが一番だと思いました」のように，学校の良さも再認識してもらえたようです。

○改善すべき点

　家庭で簡単に実験ができるよう配慮して授業計画を練りましたが，コロナウイルスの影響により，ポピドンヨード入りのうがい薬が入手できず，また，価格的にも1000円を超す例などがあり，学生に金銭的な負担を強いてしまいました。学生からも，「このような試みはとても意義があると感じるが，このご時世にイソジンを用いた実験を行うのは難しいと感じた。ドラッグストアを回ってみたがイソジンが売っていなくて友達から借りて実験を行った」や，「実験に必要なものを買い集めるところからやらなければいけないことを考えるとやや負担が重いです。これ以上購入するものが増えるのは厳しいというのが正直なところです」などの意見も多数寄せられました。

　今回は，コロナウイルスの感染拡大から行った遠隔授業でしたが，家庭で実験を実施してもらう難しさを痛感しました。世の中が便利になると同時に，薬品類をそのまま用いることが少なくなっています。さらに今後の社会は仮想現実の世界に変わっていこうとしています。しかし，世界は物質の上に成り立っているということに立ち返り，自らの手を動かして自然を理解する試みが，今後の化学教育にとってますます重要になって行くと思われます。

さらに深い知識を求める学生・教員のための解説

○吸光度が意味するもの

　吸光度の単位は無次元ですから，物質量が M（モル濃度），光の通過する長さが cm で表されるとき，比例係数はモル分子吸光係数と呼ばれます。これの単位は，モル濃度と cm の両方の逆数ですが，モル濃度は体積あたりの分子数を示すものなので，モル分子吸光係数は分子 1 個あたりの面積に比例する量（体積÷長さ＝面積）だとわかります。つまり，光を強く吸収する分子は見かけ上，面積が大きいので，その面積内に入った光の粒子は吸収されて個数が減るということを意味しています。実際に 1 個の分子の面積はどのぐらいになるかと計算してみると，色素のように光を強く吸収する分子では 10^{-15} cm² ぐらいになります。これは分子を円と仮定すると，直径が 0.5 nm ぐらいになって，分子の大きさのレベルに等しいのです。

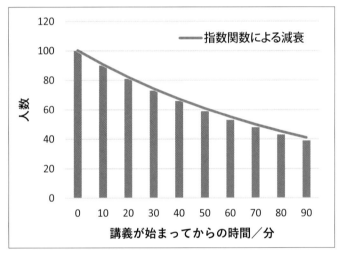

図 6-24　授業を眠らないで聞いている学生数

○一次反応の寿命の意味

　つまらない講義だけが続く 90 分間のオンライン授業を想像してみましょう。Zoom なら 100 人が参加可能なので，100 人が聴講しているとします。今，一定の確率，たとえば 10 分間に 10 分の 1 の確率（寿命＝100 分に相当）で，授業が始まると共に居眠りする学生が出るとします。最初の 10 分間に居眠りする学生は 10 人だから，授業をまじめに聞く学生の数は 90 人に減ります。次の 10 分間では残りの 90 人の 10 分の 1 だから 9 人が眠りに落ちます。残りは 81 人です。その次の 10 分間では，およそ 8 人が眠ります。次は 7 人ぐらいが眠って 66 人が起きていることになります。次の 10 分では 6 人か 7 人が眠るでしょう。さあ，こうやって授業の最後には何人が起きているでしょうか。こういう現象が

84

一次反応に相当します。

一次反応は，一定の時間内に一定の確率（寿命の逆数）で起こる現象だと，頭ではわかっているはずです。これを現実の問題に置き換えれば，分子1個ずつが反応していく様子が理解できます。どの分子が反応に選ばれるかは，まったくの無作為抽出で，自然界には広く見られる現象です。

○二次反応の意味

同種の二つの分子が出会って起こる反応は二次反応になります。ですから，濃度が濃いときには顕著に見えますが，濃度が薄くなってくると，なかなか起こらない現象です。もし一次反応と二次反応の両方が同時に起きるときには，見かけ上，濃度の濃い早い時間領域では二次反応が，濃度の薄い遅い時間領域では一次反応が見えることになります。こういう現象は，蛍光やりん光の発光状態の減衰でもよく見られます。たとえば，有機太陽電池などの固体内では，光励起状態が高密度に生成して自滅し，熱に変化するのは二次反応です。ですから，強い光を当てても，かえって発電効率が下がる場合があります。

○三ヨウ化物イオン（I_3^-）の反応について

ヨウ素は水中で以下の平衡状態にあることが知られています[1, 2]。溶液が褐色に見えるのはI_3^-によります。

$$I_2 + H_2O \rightleftarrows HOI + I^- + H^+ \qquad （速い）\qquad ①$$
$$I_2 + I^- \rightleftarrows I_3^- \qquad （速い）\qquad ②$$

生成したHOI（次亜ヨウ素酸）はIO_2^-（亜ヨウ素酸イオン）とヨウ化物イオンを生成し，さらにHOIと反応してIO_3^-（ヨウ素酸イオン）になります。これらはすべて無色です。

$$HOI + HOI \rightarrow IO_2^- + I^- + 2H^+ \qquad （遅い）\qquad ③$$
$$IO_2^- + HOI \rightarrow IO_3^- + I^- + H^+ \qquad （速い）\qquad ④$$

最初のヨウ素分子I_2と水の反応では水素イオンが生成するので，アルカリ性が強いほど，この平衡は次亜ヨウ素酸を生成することがわかります。この反応全体の速さは，③式の過程である二つの次亜ヨウ素酸（酸化数+1）が出会って亜ヨウ素酸イオン（+3）とヨウ化物イオン（-1）に不均化する反応であるため，反応速度は見かけ上，二次反応になります[3]。

一方，ハチミツなどに含まれるグルコースやフルクトースなどの還元糖は，アルデヒドである鎖状体との平衡にあり，これが次亜ヨウ素酸と反応して糖を酸化して酸を作ると同時にヨウ素は還元されてヨウ化物イオンになります。

ここでは，グルコースを例に説明します。今回の反応は，炭酸水素ナトリウムを加熱して炭酸ナトリウムにし，アルカリ条件下で反応するため，環状ヘミアセタールから，直鎖状のアルデヒド型への変換が速く進みます[4]。水溶液中のヨウ素は上記の①と②の反応により平衡状態にあり，とくに弱アルカリ条件では次亜ヨウ素酸が一定量生成しているため，

アルデヒドの酸化が進みやすいのです（**図 6-25**）[5]。

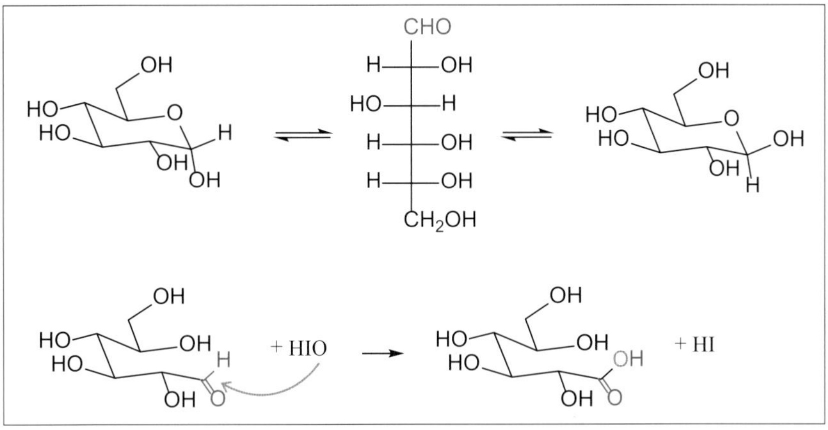

図 6-25　**アルデヒドの酸化反応のメカニズム**

　ここで起こる反応は，厳密にいえば次亜ヨウ素酸と糖との二次反応ですが，大量の糖が溶液中に含まれていれば，見かけ上，糖の濃度は一定と見なせるので擬一次反応になります。

A ＋ B → P

エステルの加水分解反応など、反応物の一方が過剰にある場合、二次反応は一次反応のように扱うことができる。（[B(0)] ＝ 一定と考えて）

$$\frac{-d[A]}{dt} = k[A][B] \longrightarrow [A(t)] = [A(0)]\mathrm{e}^{-k[B(0)]t}$$

見かけの一次の速度定数は**B**の初期濃度に依存する

図 6-26　**擬一次反応**

文　献

[1] M. Eigen, K. Kustin, *J. Am. Chem. Soc.*, **84**, 1355 (1962).

[2] T. R. Thomas, D. T. Pence, R. A. Hasty, *J. Inorg. Nucl. Chem.*, **42**, 183 (1980).

[3] V. W. Truesdale, G. W. Luther, J. E. Greenwood, *Phys. Chem. Chem. Phys.*, **5**, 3428 (2003).

[4] H. S. Isbell, H. L. Frush, C. W. R. Wade, C. E. Hunter, *Carbohydrate Res.*, **9**, 163 (1969).

[5] H. Fleischer, *World J. Chem. Edu.*, **7**, 45 (2019).

索　引

■ 編著者紹介 （◎は編者）

◎福村 裕史 （ふくむら ひろし）
仙台高等専門学校校長，東北大学名誉教授（理学博士）
1953年　東京都生まれ，青森県育ち
1983年　東北大学大学院理学研究科博士後期課程修了
担当章：6章

◎後藤 顕一 （ごとう けんいち）
東洋大学食環境科学部教授，教職センター長〔博士（学校教育学）〕
東京都生まれ
2001年　東京学芸大学大学院教育学研究科修了
2016年　兵庫教育大学連合大学院，学校教育学博士
担当章：4章

◎飯箸 泰宏 （いいはし やすひろ）
東和IT専門学校講師，清風情報工科学院特別講師，柳剛企業グループ会長
元 慶應・法政・明治・大正・武蔵野美術・国士舘大学兼任講師
1946年　千葉県生まれ
1971年　東京大学理学部化学科卒業
担当章：2章，3章

白水 始 （しろうず はじめ）
国立教育政策研究所初等中等教育研究部総括研究官，東京大学高大接続研究開発センター客員教授〔博士（認知科学）〕
1970年　大阪府生まれ
2000年　名古屋大学文学研究科修了
担当章：1章

伊藤 克治 （いとう かつじ）
福岡教育大学教育学部教授〔博士（理学）〕
1969年　長崎県生まれ
1996年　九州大学大学院理学研究科博士後期課程修了
担当章：5章

山岡 靖明 （やまおか やすあき）
仙台高等専門学校技術職員
1984年　北海道生まれ
2008年　東北大学理学部化学科卒業
担当章：6章

遠藤 智明 （えんどう ともあき）
仙台高等専門学校総合工学科教授，副校長（工学博士）
1960年　宮城県生まれ
1989年　豊橋技術科学大学大学院工学研究科博士後期課程修了
担当章：6章

すぐにできる！ 双方向オンライン授業
――Zoom, Teams, Googleソフトを活用して，質の高い講義と化学実験を実現

2020 年 7 月 17 日　第 1 版第 1 刷　発行

検印廃止

編　者　福村　裕史

飯箸　泰宏

後藤　顕一

発行者　曽根　良介

発行所　㈱化学同人

〒600-8074　京都市下京区仏光寺通柳馬場西入ル
編集部　TEL 075-352-3711　FAX 075-352-0371
営業部　TEL 075-352-3373　FAX 075-351-8301
振　替　01010-7-5702
E-mail　webmaster@kagakudojin.co.jp
URL　https://www.kagakudojin.co.jp
印刷・製本　日本ハイコム㈱